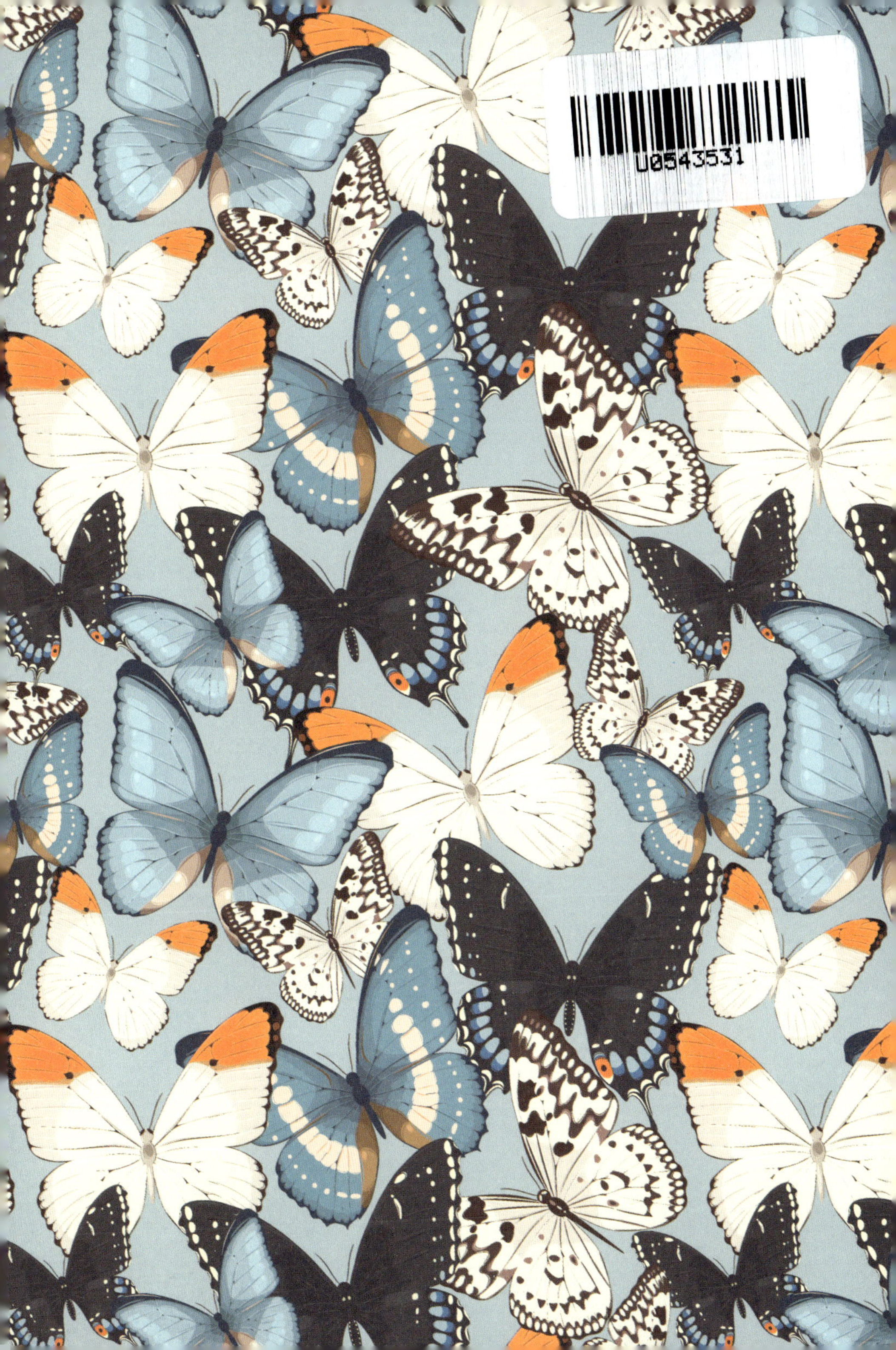

我双手烤着,
生命之火取暖;
火萎了,
我也准备走了。
——【英】兰德

你／会回来吗

心理治疗师与你对话生死

黄蘅玉／著

上海社会科学院出版社

前　言

　　人们都不愿意谈论死亡,当然我也不喜欢。只是,我选择了心理治疗这个行业,就不得不探讨这个沉重话题。无论在中国或在加拿大,经常有来访者在我工作时,提起生死难题。我的工作就是在人们困苦之时能够助人,所以我无法回避对生死的探讨,我无法简单敷衍那些在死亡边缘挣扎的来访者。我所能做的就是协助来访者走出心理困境,冷静地理性地思考自己的生死抉择。

　　人们常说,你们的工作太灰暗,一直面对人心的垃圾。我说,我的工作虽然极富挑战,但意义深长。试想,当人们处于极其恶劣的心境时,当人们倍感孤独无助、痛苦绝望时,我们若能助上一臂之力,让他们发现生命的意义而生存下来,那份挽救生命的欣喜,无法言表。生命无价,所以挽救生命的意义也无法度量。还有那些为生死自由而困惑迷茫的来访者,倍感抑郁、焦虑、恐惧、悲伤,我们唯有站在来访者的立场上,侧耳聆听,一起开拓思路,共同拓展视野,协助来访者维系心理平衡。我们能在人们最需要的时候伸出援手,那份内心的满足无与伦比。

　　我们会收到"谢谢,你是我的救命恩人"的衷心感谢;我们也能听见

你，会回来吗？
——心理治疗师与你对话生死

"谢谢你的帮助，我已能健康生活"的积极反馈，但是更多的是人们离去之后，不想再与那"不堪回忆的经历"有任何联系。每每看到病人挣脱精神枷锁，走出泥潭勇往直前时，即使没有片言只语，我的那份喜悦、那份满足、那份骄傲或许是任何事情都无法替代的。

了解人心是不容易的，尤其在来访者情绪混乱企图自杀时，他们十分敏感多疑，我们任何一个细微差错都可能导致来访者拒绝帮助，走向绝路。

人内心的情结要比人嘴里说出来的东西更多，更有意义，因为嘴里说出的只是人们想让你知道的话语，而压抑于内心的情结，那些搅乱情绪的本源是不会轻易透露的。所以，我们要学会怎样读人的心，怎么听言语背后的心声。

我们知道不留痕迹的鞭打比留下痕迹的更伤人的心。我们明白痛苦不是惩罚，死亡不是失败，活着也不是奖赏。

我们懂得，当我们开口说话时，我们只是在重复我们所知道的，而当我们侧耳聆听时，我们能了解到、学习到更多的东西。面对生不如死的来访者，倘若能让他们宣泄出心中的苦难，那么他们的内心就会腾出位置让自信和理性进入。

生与死是手牵着手的，否定了死等于否定了生。我们唯有坦诚地与来访者进行生死自由谈，方能协助来访者沿着生死阶梯，健康快乐地一步步走向更为宏大的世界。

我将几十年心理咨询和治疗时的生死自由谈记录在此，希望与年

前言

轻的或年老的人们一起探讨这些生死难题。因为耸立在人生终点的死亡界碑不该是令人焦虑或恐惧的刺激物,而是提示我们要更好地珍惜当下之乐的警示牌。

经案主同意,书中的个案都经过修饰,以对话或自述的方式表达,目的是不泄露来访者的隐私。

黄蘅玉　临床心理学博士

2016 年 11 月　完稿于加拿大温哥华

目 录

前言 / 001

儿童篇 / 001

等待永不返回的爸爸 / 003
爸爸为什么要自杀？/ 008
里奥的梦 / 017
道别 / 022
乔西和他的母亲 / 029

青年篇 / 037

死人能听见哭声吗？/ 039
无形的枷锁 / 045

也是潜能发挥 / 064
爱的窒息 / 076
好人坏人 / 086
    相识 / 086
    相伴 / 105
    好人坏人 / 116
    天堂地狱 / 133

成人篇 / 143

同性恋者的苦恼 / 145
高贵林女孩 / 157
    急救 / 158
    移民 / 159
    父母回流 / 162
    认识吴刚 / 164
    美梦 / 168
    失望 / 171
    自杀 / 174
    重生 / 179
怎么活？/ 182
    自杀未遂 / 182

失恋 / 187

第二次自杀 / 191

寻找活路 / 194

生死自由谈 / 199

生的自由 / 202

出生的自由 / 202

生存自由 / 204

公平 / 206

心理三要素：思维-情感-行为 / 207

时间与年龄 / 209

幸与不幸 / 212

死的自由 / 215

人为什么要死？/ 215

自杀 / 217

生死抉择 / 220

安乐死 / 223

儿童篇

♡ 等待永不返回的爸爸

你曾问我,怎样向4岁的女儿解释死亡?

你告诉我,你对孩子说了无数遍:"孩子,过来吧,不要等。爸爸死了,他不会回来。"

可是,孩子没有应答,一丝不动地坐在面对大街的窗口前,依靠在窗旁,双眼呆滞地盯着窗外,面无表情。

你说,你为孩子,打开了她最爱看的电视剧《辛普森一家》,抱她坐到沙发上。仅几分钟,孩子又抱着心爱的小熊娃娃坐到窗口边,静静地凝视着窗外。

你喊道:"别等了,孩子。你爸爸死了,永远不会回来

了!"可她低着头,双臂紧紧地抱着她的熊娃娃,脸侧贴着熊的脑袋上,没有说话。

你对孩子嚷着:"他丢下我们走了,再也不回来了!"

孩子还是坐在窗前等爸爸,一言不发。

"你爸爸死啦,不要等,去睡觉。"你将坐在窗前的孩子抱起,放到床上。

你拿起一张纸,用打火机将之点燃。火苗上窜,纸变黑,在空中飞舞一番,火灭。烧尽的黑色纸絮卷作一团,慢慢飘落到地。

"你爸爸就这样变成灰烬,消失了。"你对孩子说。

孩子双眼直直盯着那黑色纸絮,看了好一阵,面无表情地、慢慢地吐出一句:"这是一张纸,不是我爸爸。"

4岁的孩子能懂死亡吗?有必要直接告知她父亲的死讯吗?或是编个善意的谎言,让孩子企盼着,等待着永不返回的爸爸?

你丈夫、莎莎的爸爸不久前自杀身亡。你知道莎莎的爸爸患抑郁症多年,长期病假在家。他拒绝服药治疗,整日无精打采。以往酷爱的吉他已铺满尘埃,屋里早就没有吉他的旋律和他浑厚低沉嗓音的哼唱。你没法治疗他的抑郁,也没有办法与他对话。你只能看着他一天天消沉。你只想逃离这个家。

莎莎自出生后一直由爸爸照顾,每天跟着郁郁寡欢的父亲生活。她也是个安静忧郁女孩,不苟言笑,没有童真的欢乐。每天,当你拖着疲惫的身体回家时,没有人与你打招呼,没有人问你今天的工作是否辛苦?没人过来帮你放下手中提着的大包小包的生活用品,没有人关心你是否买够了一家人要吃的水果和食物。你看到的景象似乎永远如一：父女俩在沙发上挤在一起，静静地相依着，没有嬉笑，没有追闹，没有争执哭叫，同样也没有因为你的回家而产生的欢笑。

当你感到这个家没有存在意义时，当你昔日的爱恋被繁重的生活压力挤压得消失殆尽时，当你对你曾经非常崇拜与欣赏的爱人感到厌倦躁烦之时，他——你的丈夫一定也知道了你的情感。在你准备离家出走，追求自己的人生之时，在你准备采取行动的前夕，他居然卖掉自己最最心爱的、久不触碰的吉他，换取了那几文钱，给莎莎买了个毛茸茸的小棕熊玩偶。然后，他决然阻断他自己年轻的生命，自杀身亡。他走了，他离开了心爱的莎莎，离开了他的家，离开了这个他厌倦了的世界。

对莎莎而言，朝夕相处的爸爸突然消失了，再也见不到了。她满屋子转，屋里屋外寻找。你知道孩子在找爸爸，只可惜这个自幼与抑郁症父亲生活的忧郁女孩，迥然不同于邻家同龄女童，她没有一般女孩的伶俐口齿，她不会滔滔不绝询问，不善言表自己的喜怒。她在房内转了几圈不见父亲之后，就趴在窗前等待。

你揉着女儿，哭泣着："宝贝，我怎样向你说清楚什么是死亡呀？"

死亡常常是人们言谈的禁忌，不吉利。恐惧死亡的文化源头起于何处，我不得而知。古今中外，死亡从来都是令人悲伤晦气的主题，尽管人人都避不开它。

幼小孩童难以理解她爸爸的去世，她还不到探究正常死亡和非正常死亡的心理成熟度。你们没有明确的宗教信仰，无论是天堂地狱,还是轮回转世,你都难以向莎莎解释清楚。

有时人们会用动物植物等儿童能理解的比喻来帮助儿童理解死亡,只是,当幼小孩童面对亲人的死亡时,他们最为现实的需要并非理解什么是死亡,他们迫切的需要是如何应对失去亲人而造成的巨大生活变化。

心理学研究表明,丧失和改变是产生心理危机的主要原因。幼小孩童在亲人死亡后,丧失与巨大的改变挤压到孩子身上,他们常常不知所措,他们在寻找失去的"过去"。

莎莎时刻在寻找昔日朝夕相处的父亲,她无法应对父亲的离去和那发生了巨大改变的生活。当孩童面对死亡的问题时,我们只能用儿童所能理解的言语与儿童交谈。

"莎莎想爸爸了?"你明知故问。

"是。"

"莎莎希望爸爸回来干什么?"

"我要爸爸陪我看电视,陪我睡觉。"

这就是莎莎在寻找的"过去",那个她与爸爸一起生活的日子。

莎莎需要有人陪她看看电视,带她玩。晚上睡觉前,陪在她身边,讲讲故事。尽管故事就是翻来覆去那么几个,那样莎莎的孤独感和不安全感就会渐渐消去。

你考虑了无数次,你询问了很多专业人士,你想知道怎样向女儿解释她父亲的死亡,怎样让她理解她爸爸永不返回这一事实。

那天,莎莎依偎着你,低声细语地问:"爸爸不回来了?"

你对莎莎说:"爸爸去了很远很远的地方,他不回来了,他在那里等我们,他在等莎莎长得很大很大后去那里看他。"

"是吗?那莎莎要快快长大。"

"是的,你要多吃点,才能快快长大。过几天我带你去学游泳、学溜冰、我们去好多好多地方玩……"

莎莎妈妈,你做得很好。幼小孩子很难理解死亡,我们可以慢慢给他们解释,我们最需要做的是帮助孩子度过死亡引致的心理危机,消除他们的困惑,抹去死亡的阴影。

莎莎自幼与抑郁的父亲过着抑郁的生活,你的积极乐观给莎莎开辟了另一番天地。死去的人已经逝去,活着的人还得活下去。莎莎的适应能力还是很强的,你的陪伴使莎莎更容易应对生活的变化,你的欢乐和坚强会传递给她。

莎莎妈妈,照顾好自己,你快乐了,你孩子才能快乐,不是吗?

爸爸为什么要自杀？

一个10岁的孩子，见到我的第一句话就是："请你告诉我，我爸爸为什么自杀？"

强生的父亲在家悬梁自尽。当人们发现时，已经命归黄泉。

强生的母亲被这个突如其来的悲剧所震惊，情绪失控。强生和他母亲分别被亲友们安置到朋友家暂时住一段时间。

父亲自杀后，强生一直没有见到他母亲。父亲自杀那天，放学后是母亲的朋友到学校来接他，直截了当地告诉他，他爸爸在家里自杀了，他妈妈很难过，到朋友家去了，暂时不回家，所以他要跟那位阿姨去她家住几天。

强生得知父亲自杀的消息后，没有哭泣，没有叫喊，一反既往活泼好动的脾性，异常安静。那个晚上，他没有询问一句话，无精打采地坐在沙发上看电视。那位阿姨知道他心不在焉，眼神不专注，呆呆地不知在想什么。

次日，那位阿姨把强生送到学校辅导员办公室，告诉老师强生家里发生的悲剧，希望老师能提供一些帮助。

阿姨走后，强生要求老师送他回家，他不想进教室。老师答应他可以不进教室，但不能回家，因为他家里没有人。母亲这两三天内不会来接他，而那位阿姨刚去上班。老师让强生去辅导员办公室坐坐，或去图书馆看书，做些自己喜欢的事情，可强生执意要回家，他要知道他爸爸是怎么死的，为什么要自杀。

老师不知如何回答，便将强生按特例转介到我们儿童心理服务中心的危机干预部门。

"我爸爸真的死了吗？怎么死的？"强生直截了当地、反复地发问，没有客套，没有犹豫，甚至等不及我开口作自我介绍和介绍工作的性质与规范。

"我从来没有见过你爸爸，我不清楚你爸爸怎么死的。我只听说你爸爸是自杀，是吗？"学校老师告诉我强生知道他父亲是自杀的。

"他们说我爸爸自杀了，听说是吊死的。为什么？爸爸为什么要自杀？他不是好好的吗？上星期天还和我一起去游泳，我们玩得很开心。"

"上星期你爸爸有没有说过一些让你觉得有点奇怪的话？"

"没有呀，我爸爸一直是个很开心的人，会跟我一起玩，从来不会像妈妈那样一定要我做这做那个。妈妈一直说爸爸过分溺爱我，可我就喜欢爸爸跟我一起闹着玩。爸爸死了，他再也不会陪我玩了，是吗？"

"是的，他不会再陪你玩了。"

"为什么他不想陪我玩？"

"他不是因为不想陪你玩而死的，他一定有他的痛苦。"

"什么痛苦？"

"我不知道你爸爸有什么痛苦。不过我知道自杀的人都是因为心里太难受、绝望，而且没有人能帮到他，所以他决定自杀，以结束自己生命的方式来终止他的痛苦。也就是说，他死了，他不再痛苦，能安息了。"

"是这样吗？他为什么不告诉我他有痛苦？我可以帮他的。"

"他可能有一些任何人都帮不了他的痛苦。如果有办法解决，他不会自杀。他之所以自杀，是因为他感到绝望和无助。"

"这么大的世界，真的没有人能帮他解除痛苦吗？"

"问得好。有时巨大的痛苦是没有人可以帮助他解除的，只有自己承受煎熬，自己设法挺过去。"

"我爸爸承受不了痛苦，而且也没有人能帮他解除痛苦吗？"

"一般来讲，自杀者之所以想死，是因为他们真的没有办法解决自己的问题，特别特别难受。不过我相信，你爸爸现在解脱了，没有痛苦,不必再承受折磨,我们应该为他感到宽慰。你说是吗?你不想让你爸爸一直难受痛苦吧?"

"当然不愿意,我希望我爸爸不要痛苦。但是,我不要他死。"

"有时,一个人经受痛苦而没法解决时,应该寻求多方面的帮助。如果他不说出来,别人不知道,没法帮助他。当然我们不是要求他把自己的痛苦到处对别人讲,至少他可以跟有经验的专业人士谈谈,或许专家们能帮助他减轻或消除痛苦,是吗?"

"我爸爸有没有跟专家谈谈?"

"你爸爸已经解除痛苦,他可以安息了。我说的是以后其他人遇到痛苦时,你可以劝他们去寻求帮助。就像我们现在这样,我们这些工作人员都想尽力帮助你。一个孩子,爸爸突然死了,心里该多难受,是吗?"

"是,我心里太难受了,不知该怎么办?我没有爸爸了,为什么?为什么会这样?爸爸不死该有多好呀?他有困难,我会帮他。"强生哽咽着。

"遇到这样不幸的事,心里一定难受,但过去的事情永远永远永远不可能重来,不可能改过来。已经发生的事,不要去设想假如假如,而是现在怎么做,你说是吗?"

"不知道。"

"我想知道你爸爸是怎样的一个人?能跟我介绍介绍吗?"

"我爸是个很好很好的人,他特别喜欢我。"

"怎么喜欢?能讲给我听听吗?"

你，会回来吗？
——心理治疗师与你对话生死

我尽可能地引导他谈谈他爸爸在生活中的一些细节，让他告诉我他们去玩些什么？游泳时，爸爸当教练呢，还是两个人自己游自己的？爸爸带他出去吃东西，吃些什么？是他爸爸点的菜，还是他自己想吃什么就吃什么？

我们聊了很多日常生活琐事，强生的紧张情绪略有放松。

"你说你爸特别宠你，怎么宠？"

强生很会总结归纳："我爸宠我有两招：一是公然反抗我妈的指令，我妈要我做什么，我不做，我爸坚决支持我；二是阳奉阴违，表面答应，暗地里不听。我妈经常气得够呛。"

想念一个人，最好的方法就是谈谈那个人的故事，谈得越详细越好。思念会融化在个人的故事情景中，痛苦、快乐、忧伤、喜悦、悲哀，各种情绪都将随着故事流淌，心理压力暂时有所缓减。

强生在谈论他爸爸时，注意力逐渐偏移。但是，一旦停顿下来，挡不住的悲痛继续袭来。

我们中心的精神科医生给强生开了一些帮助镇静和睡眠的药，如果强生晚上无法睡眠的话，可以服用。

再见强生时，他仍然陷于"爸爸为什么要自杀"的漩涡中无法脱身。他问道："有什么方法可以阻止一个人自杀？"

"强生，你问了一个至关重要的问题，是全世界心理卫生工作者都在思考的问题，问得好！自杀者是因为绝望、无助，hopeless & helpless。我们要燃起他的希望，帮他找到出路。有时一个人帮不了，再找第二个人；第二个人还帮不了，可以找第三个人；第三个人仍是无用,就去找第四个人,千万不要轻易放弃。很多难题确实不容易解决,但是不等于一直无法解决,是吗?"

"是。"强生有气无力地呼应着。

"你爸爸的去世确实令人难过,不仅仅你心理难受,你妈妈也很难受,很多亲友都很难受,是吗?"

"是,听说我妈妈哭得都站不起来了。"

"失去自己心爱的人,心里会有无法表述的悲痛。所以你一直希望你爸爸没有死,这样你就不会痛苦。可是,你的这种设想是不存在的,不可能的。人死了不可复活。"

"人不能复活吗?"

"我们不能指望一个人复活,这是不现实的。死人不可能复活。我们活下来的人应该更加珍惜生命,不要被痛苦压垮。"

"那我该怎么办?没有爸爸,谁陪我游泳?谁带我去钓鱼?谁带我去玩?还有谁会那么爱我?我爸爸比我妈妈更爱我。他为什么会抛下我去自杀?"

强生大哭。

哭了好久。我没有阻断他,只是给他递纸巾。

之后,强生谈了很多爸爸的好、爸爸的关爱、爸爸的宽容、爸爸的智慧。在谈论爸爸人生的过程中,强生不再那么悲伤,爸爸的慈父形象呈现在他的脑中,活生生地描绘在我眼前。

走出悲哀的最有效方法是尽力去帮助他人,在助人中能焕发自己的潜能和积极性。

我与强生谈及了他母亲。强生认为他妈妈是个情绪化的人,"像个小孩子,她太不懂事了。"强生这样描述。言毕,强生补充道:"爸爸老这么说我妈。"

"是吗?那么你妈妈应该得到你的关爱。爸爸不在了,你已经不是小小孩,你懂事,你应该帮助你妈妈度过你们现在的艰难时日。"

"我能帮什么?"

"当你妈妈情绪化时,你想想你爸爸是怎么做的,那你也可以试着那样做,行吗?"

"我试试。"

家里的顶梁柱倒下之后,一个家似乎就要坍塌。强生的母亲一直沉浸在悲伤中难以自拔。强生在抱怨爸爸为什么要自杀的同时,又为妈妈的无能感到失望。

强生和他妈妈怎么也想不出强生爸爸自杀的缘由,他们不停地猜测分析,不停地责备自己或抱怨他人。我常提醒他们,猜测是非常不明智的,猜测只是他俩的想法,不一定真的就是强生爸爸的思想。如果猜错了,会冤屈一个逝去的灵魂或错怪一个活着的人。

我与强生探讨了对人性的尊重问题。尊重一个人,不只是表现为言谈之间,大家都愿意给自己贴上善待他人的标签。可是,在现实生活中,尊重并非口头之言,它体现在人们所表现出来的行为之中。

强生看着我,点着头,脸上却是似懂非懂的神情。

"你站在你爸爸的立场上想想,你认为你爸爸愿意你们这样揣测他自杀的理由吗?"

"不愿意。我妈妈就会乱猜,常常说我爸爸外出与一些妈妈不喜欢的人去喝酒。我爸爸常常很生气,其实他是去帮朋友搬家。妈妈就是冤枉他。"

"所以,我们不要只凭自己的想象就作出主观断定。猜测有可能做出不尊重他人的事。尽管你爸爸自杀了,我们仍要尊重他,相信他有难以活下去的理由。自杀是他的选择。这个选择可能不是最好的选择,但是我们相信这是你爸爸最后做出的决定,我们要尊重他。你说对吗?"

"是。"

"现在你爸爸不在了,你是个大孩子了,你能做许多你爸爸以前所做的事,我相信你有这个能力。"

"我能做什么呢?"

"你能做的就是帮助妈妈尽快从悲伤中走出来。"

"怎么做?"

"克服悲伤的第一步就是不要沉浸在悲伤里不能自拔。有可能的话,你可以陪你妈妈去外面走走,转移注意力,同时也能调理情绪。一个人情绪忧郁时,需要身体的运动,这样体内化学物质会有所改变,情绪会改善。你能做这些工作吗?"

"可以吧。"

"如果你妈妈仍是一直郁郁不振,那你要劝妈妈去看医生,请医生帮忙,知道吗?"

"知道了。"

父亲的死,让强生明白了很多事理,孩子一下子长大。正如古语所说:祸中有福——坏事能变好事。

♡ 里奥的梦

"妈妈可以不死吗?"6岁的男孩里奥问。

我一时语拙,不知该如何回答这个问题。这是个集生理学、医学、哲学、伦理学、宗教学等科学于一体的复杂问题,绝非三言两语可以解释清楚,何况向一个年仅6岁的孩子解释这问题,实在太难。

"你怎么会想到这个问题呀?"我反问道。

小里奥哭丧着脸,嘟哝着小嘴,沉重地道出缘由:"我做了一个梦,我妈妈46岁就要死去。现在妈妈已经45岁,她告诉我再过三个月她就是46岁。我不要我妈妈死去。"

这确实是一个严重问题。小里奥的这个梦令他焦躁不安。他晚上不敢一个人睡,要他妈妈一直陪着他。半夜里他时常惊叫,辗转不安,睡不踏实。早上他拒绝起床,不愿上学。他妈妈只能再三哄着,软硬兼施把他送去学校。他到了学校仍是愁眉苦脸,昔日快乐活泼的里奥突然变得沉默寡言,老师都觉得不对劲。

尽管小里奥的妈妈和老师都耐心地向他解释了无数次,说明这只是个梦,不是真的,妈妈不会死。可小里奥无法相信妈妈和老师的解释,仍担忧不止。

小里奥出生在一个单亲家庭,他是个人工受孕的孩子,从来没有见过他父亲,由妈妈一个人抚养长大。妈妈的家人都在南美洲,里奥从来没有见过家里的任何亲戚。里奥的妈妈个性内向,朋友不多,小里奥是妈妈生活中唯一的亲人。

里奥妈妈猜测里奥之所以做这样的梦,可能与她前一阵胃痛送医有关。那天从医院回家后,里奥曾多次问他妈妈:"你会死吗?"

"病重了,人当然会死。"

从那以后,里奥就开始做噩梦。

里奥妈妈不知道一个小孩子怎么会做这样倒霉的梦,她说了无数遍"我不会死,我不会死!"但无济于事。

困扰着里奥的问题是"人为什么会死?""人可以不死吗?",这些问题的言外之意就是:里奥担心妈妈死了,他就是孤独一人,他害怕。

怎样与一个6岁的孩童讨论这些人生哲学课题呢?

我不能哄骗一个单纯的孩子。"你妈妈不会死"这种违反科学伦理的话不是我们应该说的。人固有一死。

向一个孩子解释梦的含义,解释死亡,并非易事。我无法向一个6岁的孩子说明梦是无意识的显现;我也不能和一年级小学生谈论死亡是躯体生理机能的终止,是新陈代谢的结束;我更难向幼小孩子阐述灵魂的存在与消泯。我只能以一个稚童能理解的方式来解除他的关于死亡的焦虑。

我相信,任何问题经过人们自己探究得出结论远比其他人的详细解释更有说服力。在与儿童和青少年的交往中,只要条件允许,我通常不会自己滔滔不绝地向孩子们讲一大通道理,我希望他们能自己去发掘答案,或者我与他们一起探索问题的结论。

就里奥的问题而言,真正引起他焦虑的不是"人为什么要死"这个普遍性概念问题,他担心害怕的是妈妈三个月后可能会死,他只有6岁,无法想象生活在一个没有妈妈的世界里。所以,他问题的焦点是害怕失去妈妈,他的安全感全都依附在他妈妈身上。

我打开电脑,决定与里奥一起来解释他的难题。

"每个地方的人的寿命是不一样的。有的地方天气不好,生活比较困难,饭也吃不饱,那里的人死得比较早。你看到过电视里介绍的那些非洲的孩子吗?他们生活很困难,所以那里的人死得比较早。加拿大人生活富裕,条件好,寿命较长。加拿大全国平均寿命是81.2岁,也就是说,一般的人要活到81.2岁才死呢!"

我让里奥自己看加拿大统计局在网上发布人均寿命的数据。

"你家住在哪个城市？"

"列治文。"里奥大声答道。

"好,我们看看列治文市人的寿命。哇,你瞧,平均84.9岁！这就是说,你妈能活到84岁或85岁。那时,你就40多岁了,是个中年人了。"

"让我再看看温哥华市的人能活到几岁？"

我让里奥自己查。他看后特别兴奋,嘴里不停念着各种数据:"温哥华人均寿命是81.4岁,我们列治文的人可以活得更长,84.9岁。"

第二天,里奥的妈妈给我来了电话。她兴奋地告诉我,昨天夜里,里奥睡得特踏实,今早起床后精神很好,不再提妈妈将死之事,高高兴兴上学去了。

这次里奥的死亡焦虑算是比较顺利地消减了,但他的不安全感仍然存在。我与里奥的母亲谈了有关孩子焦虑症状和死亡恐惧心理的表现和处理方法。

与里奥妈妈的交谈中发现,里奥的焦虑症状受到他母亲自身死亡恐惧的"传染"。里奥妈妈一直害怕万一自己早死,那里奥怎么办？她的死亡焦虑经常在她的言行之间无意识地流露出来:"你再闹,再不听话,你就会把妈妈气得生病死掉！那你就成了孤儿,没人给你做饭吃,没人陪你睡觉,看你怎么办？"有时,里奥母亲正在开车,里奥吵着要妈妈带他到想去的地方或去买他想要的东西。他妈妈就吼起来:"你再叫呀,你闹得我心情不好,注意力不集中,如果妈妈开车不小心被压死,你就是没有亲人的孤儿！"有时他妈妈身体不舒服,她会抱着里奥喃喃而言:"如果妈死了,没妈的孩子怎么办呢?"

日长时久,里奥母亲的死亡焦虑引致里奥的死亡恐惧。所以,在提高里奥安全感的同时,协助里奥妈妈克服她的死亡焦虑是必不可少的治疗内容。

道 别 ♡

电影《少年派的奇幻漂流》中有一句颇有哲理的话:"人生也许就是不断地将各种事情放下,然而令人心痛的是,我还没有来得及好好与他们道别。"

道别是生活中的一个重要仪式,就像人们的生日派对、毕业典礼、结婚庆宴等仪式一样,道别是人们辞行分离时语言和情感的表达,它可发生在活人对活人的暂时或者永久的临别赠言,也可表现为活着的人对逝者的情感流露或言语表达。

曾有个 7 岁的男孩哭丧着脸,痛苦又疑惑地询问:"他们有权剥夺我向我最最亲爱的爸爸作最后告别的机会吗?"我详细了解后得知:因为亲友们的善意,不想让这位与父亲特亲密的孩子突然获知父亲车祸死亡的噩耗,也不想让这孩子看到他父亲车祸后的惨相,因而没告诉他父亲的死亡,也没让他去参加父亲的追悼会。当然,真相掩盖不了多久,这男孩就知道了这个悲剧。他不仅为父亲的去世悲痛不已,而且更不能对家人亲友的隐瞒释怀。他责问:"他们有什么权利不及时告诉我爸爸死亡的消息?难道这就是我妈妈说的那份'好心'吗?"他哭泣着:"这是我爸,我应该与我爸道别。他每次出门都会抱着我说'再见'。他死了,永远永远永远不会回来了,难道我不应该去跟他说'再见'吗?我在梦里一直遇见我爸在对我笑,我想对他招手,可我的手抬不起来;我想说再见,可我的嘴巴动不了!你们真的不知道我有多么想爸爸!"

这男孩喊叫着,他希望知道答案。人们有权阻止他知道他亲爱的父亲死亡的真相吗?真相知晓有年龄限制吗?与个人承受能力相关吗?谁来做这些重大决策?

人,常常为了一个善意的谎言而用更多的谎言来掩盖。

然而,事实就是事实,人们需要真相,尽管真相有时很残忍。

扪心自问:有谁愿意被善意蒙骗而接受虚假的安慰?

死亡是人人需要面对的真实,承受真相总比被谎言安慰好。人们需要的可能不是虚假的安慰,而是真诚的帮助与关怀,是支持自己去面对痛苦的真情实意。

你，会回来吗？
——心理治疗师与你对话生死

有一位女孩莉莉怯怯地问："我妈妈为什么不告诉奶奶，我爸爸已经死了？为什么要对即将死去的人说谎？为什么要让奶奶怀着深深的失望离开人世？为什么要瞎说什么爸爸因为'工作忙'而不能去见病重的奶奶？奶奶会怎么想？难道奶奶没有权利知道爸爸的死讯吗？"

莉莉为她奶奶难过。她奶奶最终还是在失望中离开人世。她家许多亲戚都在奶奶死前赶回老家，向奶奶作最后的道别，只是没有她爸。她奶奶临死前一直口齿不清地呼唤着她爸爸的小名，或许，她已经知道了什么，或许她什么也不知道，只能在人们的谎言中逝去。如果她奶奶知道她儿子已经在天国，她马上可以与儿子相见，那么，她是否会死得更安心一些？

莉莉为她爸爸难过，因为她爸爸是个充满爱心的人，绝不会在奶奶临死前因为工作忙而不去看她。她爸爸不是那样的人，莉莉不明白为什么她爸爸死后还要承受这样的冤屈？

说谎就是明知故犯地误导别人，想让别人接受错误的信息。说谎的主要方式有两种：隐瞒真相与捏造事实。所谓隐瞒是指说谎者只保留某些事实不说，而未说出任何不实之事；捏造则更进一步，说谎者不仅不保留真实的一面，而且无中生有。

美国著名心理学家保罗·艾克曼（Paul Ekman）曾对说谎做了大量的研究。他指出：说谎可以是正当的，也可以是不正当的，全看说谎者与其所在的社会的认知而定。说谎者可以是好人或坏人，可以是受欢迎的人或不受欢迎的人。但不管怎样，说谎者一定有选择说谎还是说实话的能力。保罗·艾克曼认为,有些谎言反而是利他的,虽然其数量绝不像说谎者所宣称的那样多。但是,说谎者绝不应该轻率地认为受骗者都愿意被蒙在鼓里,抓谎者也绝不应轻率地以为自己有权说破每个谎言。

所以,谁也说不清楚那些被隐瞒了的真相究竟是利还是弊,这都因人因事而异。

向垂死的人告别所产生的心理影响并非一个模式,各家有各家的结局。

菲菲与茜茜的妈妈突然发病,病情每况愈下。相隔没几天,医院发出了第一份病危通知。那天,4岁的茜茜一进病房,看到妈妈身上插满管子,床的周围全是救护设备,她害怕极了,躲在7岁的姐姐身后,再也不敢瞥上母亲一眼,使劲揪着姐姐的衣服往外走。菲菲很懂事,马上就带妹妹离开病房。回到家后,妹妹茜茜恐惧未消,双臂揽着姐姐不肯松手。她一直对姐姐说,妈妈的样子太可怕,她不敢看。

不久,她们的母亲告别了人世。她们母亲的追悼会实际上是一场追思会。菲菲与茜茜与其他亲属一起先向母亲的遗体告别。姐妹俩看到躺在棺材里的是经过精心化妆的母亲,安详美丽,天使一般,这姐妹俩的那份恐惧一下子消失了。

遗体告别后,亲朋好友们聚在一起观看她们妈妈自幼到大的各种照片编辑成的大型幻灯片,一张又一张,与照片相关的人边看边叙述这些照片的故事与趣闻。虽然演讲中仍有眼泪与哭泣,但更多的是欢笑与甜蜜的回忆。这俩小姐妹看到妈妈生平那么多精彩的照片,照片上记录着母亲不同时期的幸福时刻,看到母亲小时候的天真与窘态,看到母亲与朋友在一起的欢乐时光,看到爸爸妈妈卿卿我我的爱情记录,尤其是妈妈对两姐妹无尽的疼爱,所有这一切给孩子们留下深刻的印象。

在以后的日子里,每当菲菲和茜茜谈起她们的妈妈,脑海中浮起的就是追思会上放映的那些妈妈的美丽照片,那些亲友们谈论的妈妈的生平趣事。

当我与这对小姐妹谈起她们的妈妈时,菲菲抬着头,自信而又骄傲地说:"我妈是天使!"站在一边的小茜茜不停地点头,附和着:"我妈是天使!我妈是天使!"

再来看另一个案例。

小学二年级的学生丽莎在吃晚饭时,突然哮喘发作,呼吸急促,全身痉挛,窒息,呼吸停止,送医院急诊救治,拖延了两天生命,最后还是宣告死亡。

丽莎的死亡不仅仅是丽莎父母的晴天霹雳,对学校的同学们来讲也是恐怖的"死亡事件"。一个品学兼优、活蹦乱跳的快乐女孩,一个助人为乐的好学生,怎么一下子就死了?那些与丽莎经常在一起玩耍的好朋友,没法理解丽莎已经不在人世。丽莎去哪里了?我们有好些话要跟丽莎讲,同学们如是说。

学校里决定为丽莎开一个追悼会,小朋友的追悼会当然不能类同于成人的活动。于是老师与家长商量后,决定在学校花园的一角种上一个小树,称为"丽莎树",在树的周围做了一个小小栅栏。植树的那天,同学们可以把自己想与丽莎说的话写在小卡片上,然后将卡片挂在栅栏上或树枝上,将自己的哀思留在小树周围。

早上,丽莎的几位好朋友踏进校园,走到丽莎树边与丽莎道个"早安";放学时会向丽莎树说声"再见";好朋友们在烦躁时,也会走到丽莎树前,诉说自己的苦恼,好像老朋友丽莎仍在自己身边。

道别对我们成人同样重要。

很多年前,我的好友格蕾丝突然死亡,我为自己没能及时去医院看望她而内疚。参加追悼会的那天,阴雨绵绵,令人更为伤感。当我迈进会场时,我惊呆了,这怎么是追悼会呢?大堂正面是一副巨大的投影屏幕,投影的画面是格蕾丝美丽的肖像和"庆祝生命"(Celebrate Life)几个字。一侧是一排长桌,上面摆满了水果、饮料和糕点。前来参加追悼会的人很多,大家身着正装,花花绿绿的服装犹如参加宴会一般,似乎少有人像我那样一身黑服。

格蕾丝的先生勃朗看见了我,赶紧走过来,给了我一个紧紧的拥抱。"谢谢你过来,格蕾丝一定很高兴。"

"对不起,我不知道她这么快就离开我们,我还想着她出院后去你们家里看她呢!"我忍不住哭了起来。

"你不是来看她了吗?她会高兴的。你想喝点什么?"他像在宴会上招待客人一般给了我一杯饮料。

会议开始了,格蕾丝的弟弟主持了这个追思会。

"今天那么多亲朋好友、同事和学生来参加格蕾丝的生命庆祝会,多荣耀!是吗,格蕾丝?"她弟弟转身对着投影屏幕上微笑的格蕾丝肖像挥了挥手。

"告诉大家一个好消息,医生刚刚通知我,我与格蕾丝的骨髓配对结果出来了,我完全合格。多好,格蕾丝,你听着,我与你是血脉相连,连骨髓都一样,这才是地道的亲姐弟。所以平时你责骂我、管教我的话,我都不在意啦,谁让我们如此匹配?"

她弟弟接着说:"格雷丝个性豪爽幽默,还挺勇敢,只是有时少点小聪明。她走的那天,我在她面前狠狠地摇晃一个拳头,她居然一点都不怕。然后,我伸出小手指弯曲几下,她居然回答不出这是什么意思。我说,格雷丝,你也太蠢啦,这叫'微波'!(microwave)她回答不了,她不想出丑,就闭眼永远躲开。这倒有点聪明。"

是的,告别也可以如此幽默,我含泪而笑。

♡ 乔西和他的母亲

每接受一个儿童的个案,我总会想起托尔斯泰在《安娜·卡列尼娜》一书的开场白:幸福的家庭都是相似的,不幸的家庭各有各的不幸。对儿童而言,可改为:幸福的儿童都是相似的,不幸的儿童各有各的不幸。

乔西是被加拿大政府收养的孩子,他从来不知道父亲是谁,据说她母亲也说不清谁是他的父亲。他妈妈海蒂是个有毒瘾的人,经常流浪街头，有时也卖淫。不过，海蒂一直思念自己的儿子，她要夺回儿子的抚养权。为了能与自己的儿子乔西生活在一起，海蒂曾经去过好几次戒毒所，经过反复的戒毒治疗，她的毒瘾终于有所控制，身心状况明显改善，于是政府儿童厅决定乔西可以回家与妈妈生活在一起，不过社工将定期进行监督访问。乔西回家没多久，社工发现乔西病了，发烧，身上有好多瘀青。他家里极其凌乱，尤其可悲的是，海蒂眼神呆滞，浑身哆嗦，毒瘾症状又出现了，海蒂再次被送去戒毒所，乔西也不得不去另一个寄养家庭生活。这是6岁的乔西所生活过的第7个寄养家庭。

乔西到了寄养家庭后，几乎每晚都会做噩梦，大哭，全身发抖，惊叫："No! No!"几分钟后，叫声停止，哭声消失，他坐在床上，双眼睁大，直勾勾地凝视着前方，一眼不眨，任凭人们用手在他眼前摇晃，他视而不见，毫无反应。喊他、摇他，他也没有知觉。不多久，他突然瘫倒在床，一身虚汗，沉沉睡去。第二天早上，乔西被叫醒后，全然不知昨夜发生了什么。

乔西被送来进行心理治疗。

初见乔西，我简直难以相信面前这个金发碧眼、漂亮帅气的白人小男孩是乔西？是一个毒瘾妓女的儿子？6岁的乔西身体看起来还算结实，他面带笑容，非常可爱。如果这个孩子有机会出现在影视荧幕上，说不定会是个小童星。

乔西的可爱更多地来自对陌生人的礼貌和亲切的问候。他一见我就问："Are you Chinese?"

"Yes."

他马上用中文对我打招呼:"你好!"还伸出手来与我握一下,显得老成又可爱。他告诉我这是他同学教他的。

我与乔西很快熟悉起来,我们一起玩游戏、一起画画、一起做手工,边玩边聊。

儿童心理学告诉我们,要了解儿童心理的特性,最好的方法就是从孩子那儿去了解孩子。

人性有表达自我的驱动力,儿童也是如此。

对于儿童来讲,艺术创作和玩游戏是儿童的天性。艺术品和玩具是儿童的词汇,艺术创作和玩游戏是儿童的语言。儿童能用玩具和艺术形式来说他们不能说的话,做他们不愿做的事,表达他们难以用语言表达出来的情感,宣泄那些由痛苦事件或巨大压力而导致的困惑、内心冲突与混淆,以非言语性语言呈现自己所经历的生活事件和复杂的情感体验。

乔西爱画画,他的画技不怎样,他画了一个小圆圈,旁边弯弯曲曲不知什么东西。

我从来不主动释画,因为画画是个人心境的表露,儿童的画同样如此,我都由孩子们自己解释他们所画的是什么。

"你画的是什么呀?乔西。"

"一只大脚在踢,"他停住了。其实,人们很容易脱口而出:"大脚踢球?"

但我没有,我等乔西自己来释画。等了一会,他面带笑容地说:

"一只大脚在踢小孩。"他用手指着那个圆圈。

"是这个小孩吗？"为了确定那个圆圈代表小孩,我问道。

"是的,那小孩很害怕,用手抱着头,卷成一个大球,因为头很痛。"乔西认真地讲故事,没有一丝紧张痛苦的表情。

"那小孩被踢伤了吗？"我问。

"是的,被踢得很痛很痛,爬不起来了。"他还是笑嘻嘻地回答。

"那小孩心里怎么想？"

"他恨那个人。那个人经常大声喊叫,她还自己抓自己头发。她不高兴时就打小孩,有一次打得小孩鼻子出了很多血。"乔西在讲悲伤故事时,貌似在谈其他什么人的故事,全然没有自身情感的显露。

"那小孩现在怎样？"

"他被带到另外一个家里。他很害怕,怕那个疯子又回来抓他。"他觉得很好玩似地笑起来。

"我知道那个小孩现在住在一个很安全的家里,那家庭非常温暖。有个叫苏珊的妈妈非常喜欢这个小孩,苏珊妈妈会保护这个小孩不再挨打。"我侧面安慰乔西。苏珊妈妈是乔西寄养家庭的寄养妈妈。

乔西接过话茬："苏珊妈妈很好,她一直做非常好吃的东西给我吃。"

不同年龄、不同情景、不同个性的儿童的情感表达是不一样的,他们可能会沉浸于某个角色,体验着当时的真实情感,也有可能会以旁人的角度随意嬉笑。

我们玩沙盘时,乔西会用一个女性小玩偶使劲撞击一个小孩玩偶,嘴里喊道:"我叫你去死!去死!"乔西在模仿他妈妈骂人样子的那个时刻,他自己嘴角、脸蛋都扭歪了,很凶狠的样子。他陷入了角色。

乔西又用那个女人玩偶去追打小孩玩偶,一面学着女人的模样叫喊:"滚蛋!你这个孽种!我叫你滚!"

我也会询问:"那个女人是谁?她为什么打孩子?"

"她是我妈海蒂。她经常生气发火,还要打我。她晚上会跑出去,我非常害怕,我让她带我一起走,可是她不肯。她就打我、踢我。"乔西满脸悲伤。

治疗室里有个类似小小住家的娃娃屋,乔西很喜欢在娃娃屋里摆设家具,拨弄厨房用品和浴室的设施。我让乔西用娃娃屋的家具摆成苏珊妈妈家里的样子,由他告诉我哪儿是他住的房间,哪儿是家里的客厅和厨房,苏珊家的院子和大门的位置,让他自己来评价那个房屋是否安全,也由他自己来说说苏珊妈妈对他的关爱和生活环境的安全性。

乔西的房屋安排很利落,很快就指出苏珊家里很安全的原因。我有意提出一些是否会觉得不安全的因素,例如,不认识的人是否能随意进入苏珊家?乔西一一解答,斩钉截铁地告诉我,没有获得允许的人是绝对不会开门让他进来的。我又问,苏珊家的人或者苏珊家的朋友是否会欺负他?乔西也坚决否认,他认为苏珊家的人或苏珊家的朋友都对他非常友善,大家都爱他。

乔西在学校很快找到自己的朋友,苏珊妈妈还让乔西带小朋友到家里玩。乔西的生活步入正常,噩梦明显减少,焦虑逐渐缓解。

某日,社工突然请我们这些与乔西有关的工作人员召开紧急会议,希望大家商讨是否同意乔西去医院见她妈妈海蒂。海蒂病危,随时可能死亡,弥留之际,她一直叨念着要见乔西。按人道原则,当妈的完全有权见自己的儿子;但从另一方面来讲,乔西的情绪刚刚稳定,再次见那个曾经深深伤害过他的人,很有可能引致创伤焦虑复发。社工们认为海蒂几乎没有履行过母亲的职责,乔西自出生后基本上都在寄养家庭生活,即便偶尔与海蒂一起生活,海蒂也是一个虐待者的角色,而不是慈爱的母亲。会议上大家认为各有利弊,难以确定,最后还是想听听乔西怎么回答。

乔西没有任何犹豫地说,他要立刻去见妈妈。

社工向他解释了他妈妈海蒂就是那个曾经虐待过他的人,可能会引起他害怕,不过他只去看看,社工会一直在旁边守护他。

乔西坚定地说,他马上要见妈妈。

乔西去医院见了海蒂,没多久,海蒂就告别人世。乔西仍然回到苏珊妈妈家。

我再见乔西时,他没有热情的招呼,没有甜甜的笑容,他显得非常老成。他掏出挂在胸前项链上的一个灰黑色金属制作的挂件,告诉我这是他妈妈给的,是姥姥的项链,它会保佑他。乔西还说:"我妈妈死了。她非常非常爱我,她为什么要死?"

6岁的小乔西向我提出了这个难以回答的生死之题。

乔西和他的母亲

据社工说,乔西完全知道那个女人就是曾经残酷地虐待他的人,但是,他更明确地感知那个奄奄一息的女人是他的母亲,一个衰弱到不可能来伤害他的母亲。

海蒂的去世对乔西的打击似乎更甚于海蒂对他的虐待。他不停地问社工,问苏珊妈妈,问学校老师,问每一个他接触到的成人:"我妈妈为什么要死?""我什么时候能见到我妈妈?"他不再惊叫,而是暗暗地自言自语:"妈妈,你为什么要死?"那抽泣声让人听了心碎。

乔西听过无数种解释:你妈妈病得很重,没法治,然后死了;你妈妈被上帝带走了;你妈妈去了很远很远的地方……各种答案都安慰不了乔西。乔西一直纠缠着这个不解难题:"我妈妈为什么会死?她去哪里了?我能见到她吗?"

我对乔西说,我不认识你妈妈,也不知道她为什么会死,我希望你能告诉我,你妈妈是怎样的一个人。

我让乔西摸着海蒂给他项链上的那个金属挂件,让他跟我谈谈他的妈妈,我侧耳倾听,几乎不言语,静静地看着他。

乔西平静地以稚童的话语说道:"我妈妈叫海蒂。她非常喜欢我。她把她自己的项链给我。她说她非常爱我。后来她死了,医生把她带走,我没有妈妈了。我想她!我爱妈妈!"

他没有更多的语言来谈论他母亲,毕竟他们接触的时间很少。他一字不提海蒂对他的虐待,只是反反复复地说,他妈妈爱他,他爱他妈妈。

他没有仇恨抱怨,只有爱和思念。

"乔西,你想对你妈妈说些什么吗?你可以捂着你的项链,讲出你想对妈妈说的话,你妈妈会听见的。"

"她会听见吗?在医院里,我想说'妈妈,我爱你',可是我一直没有说出来。后来妈妈死了,他们把她推走了。我要对妈妈说'我爱你!'"乔西一脸后悔。

"你任何时候都可以说呀,你妈妈会听见的。"

"她死了也能听见吗?"

"你相信她能听见,那一定能听见。你看见教堂里很多人跪着祈祷,他们是相信上帝的,他们虽然看不见上帝,但是相信上帝能听见他们的祈祷。他们也相信自己的亲人能听到他们的祈祷。只要你相信,那你妈妈一定能听见。"

"我相信。妈妈,我爱你!"乔西大声地说道。

后来,乔西还创作了好几幅画,画上都写着大大的字:"Mom, I love you!"

说出"妈妈,我爱你"之后,乔西如释重负,顿时微笑起来。

青年篇

♡ 死人能听见哭声吗？

有学生问：死人能听见哭声吗？

这问题太复杂了，涉及生理学、宗教学、哲学、物理学、心理学……绝非三言两语能敷衍之事。再说，人们常说的死人包括了濒死的昏迷者和完全死亡的人，这还涉及了什么是死亡的定义。

在思考死人能否听见声音时，我马上联想到近乎死亡的深昏迷者能听见声音吗？

你，会回来吗？
——心理治疗师与你对话生死

在我小时候，大人告诉我，死人是能听到哭声的。我第一次见到人的死亡是我奶奶去世。我知道她得了癌症，病了好久。临死前那天，她躺在床上没有任何反应，亲友们围在她身边，不停地对她说我爸爸——她最爱的长子马上就要到了，再等等；她心爱的儿子就要回家，就要到家了。

我问道："她能听见吗？"

"当然能听到，她的身体差不多死了，她的灵魂还在。"大人们这样回答我。

果然，奶奶一直等到我爸爸回家。我爸到家后，跪在她的床前，拉着她的手，不停地喊"妈妈，妈妈"，就在那个时刻，我奶奶断了那口气，停止了呼吸。全家人号啕大哭起来，边哭边说我奶奶可以安息了，她终于等到了我爸爸，了了心愿，死得安心。

我上医学院时，在课堂上讨论什么是死亡。老师教我们先察看病人的瞳孔有无放大，眼睫毛反应有无消失，脊髓反应是否存在，呼吸心跳是否停止，如果全都没有了，那就是死亡。主任医生还凭借他的经验告诉我们，人死了不要马上拔掉心电监视仪，要打印一张心电图是一条直线的记录，以作死亡证据。

老师也提到了脑死亡，指病人深昏迷，无自主呼吸，包括不可逆转的脑干在内的全脑功能丧失等。

在临床实习时，我们遇到了深昏迷的病人，无自主呼吸，靠呼吸器维持着肺的活动，包括脑干在内的全脑功能丧失，瞳孔散大，没有任何神经反射。老师说她的脑功能损伤已是不可逆转了。

"脑死亡?"

老师的回答是:"不要做这样复杂又搞不清的诊断。等家属来后,在他们签署了停止治疗文件后,去掉所有仪器,病人就生理死亡了。你们不要忘了打印一张直线心电图。"

这病人在没有意识的深昏迷状态下躺了两天。暮色降临之后,她的独生女儿从外地赶了过来,她趴在母亲的旁边,呜咽着。

病人的呼吸器正常运作,输液瓶里的液体缓缓地流着。不一会儿,监视器叫了起来,病人心跳停止,心电图成一条直线。

次日清晨,主任参加了我们的交接班,值班医生汇报了那深昏迷病人的死亡,他提到了病人的女儿赶到了,病人可以安心走了。我问主任:"深昏迷者难道还有意识吗?她知道她女儿来了?"

"怎么会有意识呢?有意识就不是深昏迷了。"主任很不高兴这种幼稚愚蠢的问题。

我没有争论,我确信那母亲是有某种意识的,她知道她唯一的亲人、她的女儿来为她送行,她的心愿达到,于是断气闭眼。这情境跟我奶奶去世时的状况一样。

我正式在医院工作的第一天,第一班,干的第一件事就是送死人。那天上的是夜班,我披上白大褂,信步走进病房医生办公室准备开始救死扶伤的光辉历程。谁知一进门,值班医生就对着我和另一个新手说:"今天特忙,缺人手。你们快过来,把那个死人推走。"

我们懵懂着还没有反应过来,值班医生已经走进病房。我们快步跑了过去,与值班医生一起推着那个盖着白床单的推车。床单下一定是个死人。

家属跟着推车跑了过来,哭声顿起。

"死人听不见的!这么晚了,大家都睡觉了,不要影响其他病人。"

值班医生阻止着。家属们难以遏制自己的悲痛,用手帕捂着自己的嘴,尽量压住哭声。我不知道那些家属是否相信值班医生所说的"死人听不见的"那句话。

在读心理学博士学位时,我们探索了什么是人的意识、无意识、变更意识、集体无意识;我们学哲学时,讨论了人的存在、意识的存在,精神灵魂、宗教、神、佛、轮回、唯物主义、唯心主义;我们研究生理心理时,试图将条件反射、反馈机制、生物递质、生物电等运用到临床。各学派、各理论,学涯无边,学无止境,只是茫茫学海唯独找不到确实的论证来说明"深昏迷者是没有意识的"和"死人是听不到哭声的"。

耶鲁大学哲学教授 Shelly Kagan 在他的哲学公开课《死亡》里讨论了死亡的命题。他介绍了一元论的观点,即死亡是肉体功能停止,也就是医学模式所强调的心跳、呼吸和神经反射都消失的状态;而二元论谈的是人由肉体和灵魂两部分组成,肉体死了,灵魂不灭。死亡是灵魂与肉体的分离。

按照二元论的观点,人死,只是肉体的消亡,灵魂永存。二元论的各个流派为灵魂的去向做了不同的指点,或是升入天堂下到地狱,或是转世成猪马牛羊等,或是轮回成转世灵童。也有传说某些灵魂等不得来世,离开一个肉身不久就附于另一个人的躯体。关于所有这些,各派都信心十足,论述依据充分。

在中国某些地区,在人死亡断气的时候,周围的人们千万不能哭出声,他们认为要是大喊大哭,会扰乱死者的灵魂,使其不得安宁,顿生烦乱,灵魂就会糊涂,那时就很难说死者的灵魂会飘至何处。所以周围要保持安静。

然而,中国大多数城镇与乡村有着哭丧的风俗。人们认为如果葬礼上没有哭声,就代表不孝敬,会给家族蒙羞。有些故去者在世的时候,未必能体会到子女的孝顺,当他们故去后,他们的子女为了营造自己是"孝顺子女"的形象,经常会大张旗鼓地给故去的亲人搞"风光大葬",弄出非常大的动静,号啕大哭,经久不息。不过,这些"孝顺子女"不一定能激发自己"悲伤的情感",也难以长时间地大声痛哭,于是就找些替代者到灵堂代哭。当"代哭者"的需求增多之后,专业哭丧行业就兴旺起来。某些地区,由专业哭丧人士来烘托"悲痛气氛"的丧葬场景已成为一种习俗。

细想之下,无论是寂静送葬,还是大声哭丧,都是以"死人能听到声音"为前提的。

倘若二元论说法成立,人死灵魂不灭。那么,死人的灵魂还与活着的时候一样吗?它能感知人世间的事物吗?能听到哭声吗?如果能听到,它也和人类一样只能感知20赫兹到20 000赫兹的范围吗?

没有人能解决这些问题。

所以,我对学生说,这个问题涉及的领域太广太深,至今尚无定论。在讨论死人是否能听到哭声时,首先要将死人与深昏迷的活人分清。其次,一个人若信一元论,那么死人是听不到哭声的;若信二元论,那得看信哪个流派了,各流派解说纷纭。总之,疑问多多,尚待研究。

学生又问:"老师,那你信什么?"

我不知该如何回答,只能学学鲁迅先生的妙招:"这个么,嗯……嗯……嗯……"

♡ 无形的枷锁

（一）

学生：我来了，那我可以走了吗？

老师：既然来了，为什么要走？

学生：我是被绑架来的，我父母只要求我来你这里就好。我来了,那我可以走了吧?

老师:先让我搞清楚为什么说你是被绑架而来?来我这儿都是自愿的,能告诉我这是怎么一回事吗?

学生:不想说。我可以走了吗?

老师:来了什么都没说,什么都没做,等于没来。既然你不想说,那也没关系,我们玩个游戏你再走,行吗?

学生:我是小孩吗?玩什么游戏,莫名其妙。

老师:这游戏叫"控制头脑",幼儿可把它当成彩色玩具摆弄,小学生可把它当成组合工具来排列,那些头脑更为聪明的人,可以拿它来训练自己的逻辑推理能力,很有意思的游戏,几分钟就可以完成,试一下吗?

学生:我不想测智力,不试。

老师:那你测我的推理能力吧,看看我值不值得与你交谈。很简单,你随意摆出四个彩色小棋,然后我来猜。你只需用棋子告诉我"是"与"否",不必说话。我将根据你的答案来推断我的对错。随你摆,我来猜。

学生:我对这种游戏没有兴趣。

老师:试一下吧。你总不能进了门就出去,你父母把你绑架来总得做些什么。好吗?就几分钟。我经常与一些高智商学生玩这游戏,介绍其中的推理能力在生活中的运用。你就摆弄一下,如果实在没有兴趣,我们随时可以停止。好吗?请随便挑四个棋子放在主测架子里就行。

学生：摆在这里？

老师：对，你设计好了你的排列，接下来就是我的逻辑判断和推理。我要以最少的次数来猜出你的排列。好，我排好了，这是我提出的第一波答案。如果第一次就全部猜对了，那是运气。运气可遇不可求。我与学生玩过无数次，仅有一次是不用猜，不用推理，全凭运气就做对了，犹如买彩票，随便挑几个号码就中。那确实是好运，只是这种好运机会太少。也有一上来三个棋子都对的，那就得一半运气，另一半还得靠能力。今天我必须认真专注地猜，千万别输，否则你会觉得太无趣。

学生：你第四次猜测时，全做对了。

老师：太好了。尝试的次数越少，表示一个人的推理能力越强。推理能力是智力的核心部分。研究生考试、政府公务员考试，都混夹着一些逻辑推理题。你的逻辑能力一定很强。

学生：你凭什么夸我？你以为我会感谢你吗？

老师：我知道你一直在玩电脑游戏，一个不会逻辑推理的人，能持续玩游戏吗？游戏要一关一关打下去的。幼儿也可以玩，就像玩这"控制头脑"一样，他们只能在键盘上乱敲打。逻辑推理能力差欠的人，一玩就输，怎能像你那样持续玩几天、几周、几个月、甚至几年呢？电脑游戏内所涵盖的推理和判断能力比这个"控制头脑"游戏不知要强多少倍！

平时，我与一些能力较强的学生玩游戏时，我会控制时间，就像你们玩电脑游戏时也常会控制时间一样。时间限定的游戏会把那些反应慢的人排除在外,只让聪明人玩。聪明的要点是什么?一个字:快!反应快。谁都不会夸一个半天也说不出答案的学生聪明,尽管他半天后得出了正确答案,人们可以说他能力强,但通常不会夸这个反应很慢的人聪明,你说是吗?

学生:好像是。

老师:你来玩一下,第一次不算成绩,是游戏指南,练习一下怎么玩。

学生:这种游戏太简单,没什么意思,不想玩。

老师:好,不玩没关系。那你平时玩的游戏是偏重于快速反应还是逻辑判断?或者是团队协作?

学生:都有。应该是偏重于推理的游戏,但也不全是,速度也很讲究。团队游戏只是在晚上大家都能参加的时候玩。

老师:了解一个人的反应能力和逻辑判断能力都是心理学的内容,是我的专业。反应能力比较偏重于先天条件,后天固然能通过训练提升反应速度,但先天神经系统的反应起着决定性作用。比如,在游戏中需要获取一个目标,那么在游戏时,人们会看到那个目标,也就是说,它的视觉信息会直接进入你的眼睛,眼睛里的视觉神经把这个信息传送到大脑,大脑分析后再指挥你手指通过肌肉运动去获取目标。所以说,神经传导的速度对你能否在游戏中取胜起着决定性作用。

学生:有那么多学问呀?我们不关心这些,赢了就好。

老师:是呀,要赢就得多知道一些游戏的要求和自己的长处。我经常告诉学生们不要去做自己不擅长的事情，那是事倍功半；相反，我们了解了自己，做一些自己擅长的事，那就是事半功倍，岂不更好。

学生：不懂。

老师：我曾遇到一个学生，他的反应并不快，玩游戏时经常失败，很沮丧。后来我们谈到他可以玩一些需要高智商的游戏、逻辑推理的游戏，那么他获胜的可能性就会增加。他知道这个道理后，就不再玩快速反应的游戏，他与玩伴们联合起来去骇客其他玩游戏的人，也就是毁掉别人的游戏成果。这种玩法需要他们的分析综合能力与逻辑判断，他们很擅长，经常获胜。虽然在完成骇客后有一点满足感，但他们也很害怕那些受害者的愤怒模样。

这学生与我探讨了他们在玩游戏时发生的问题。在讨论时，他认识到他们骇客行为的成功是因为他们发现了游戏中的缺陷。他想到，他可与发行者去谈判，帮助他们改进游戏，获取一些报酬来改善那些游戏的设置；他们也可以自己去编写更为完善的游戏。与这位学生谈了不久，他就明白了他要做什么。从那天开始，他再也不是整日趴在电脑旁玩游戏的逃学者了，他觉得自己过去太小儿科。他转向自学编程的知识。要知道，他那时只是一个7年级的学生！后来他告诉我，他自学了很多编程的内容，他将来一定要编出一些非常高级的游戏。

所以说，每个人有其自身的特点和处理问题的方式，就算是同一个游戏，每个人玩法不同，取胜的途径也有差异，更何况是人性的问题。

学生：别人的事我没兴趣。

你，会回来吗？
——心理治疗师与你对话生死

老师：那我们来谈谈你的事。我不清楚你与你父母冲突的原因和内容究竟是什么，但我知道你父母完全不了解你，不理解你的苦衷。

我知道你父母要你过来见我的原因是你服用了超剂量的药物试图自杀。你父母并不知道你想自杀的真正原因，当然我也不知道。不过我可以确定的是，一个采取自杀行为的人，必定经受着难以解脱的苦痛。你看起来身体还行，没有什么大病，那么，你可能在承受一种难以解脱的心理性痛苦，它令你痛到把自己所能付出的最大代价——你的生命——来换取痛苦的解除。我们常说，自杀并不是为了结束生命，而是为了终止痛苦。你说是吗？

学生：我不知道，没想那么多。反正我死了，我爸妈就不会再为我生气，为我操心。我这个讨债鬼死了，不会有人再去讨债，他们前世欠我的债就两清，谁也不欠谁，行了吧？

老师：我不知道你与你父母是否有前世的债，不过，我认为你与你父母一定有今世的矛盾。

学生：什么矛盾不矛盾的，是我没良心。我是个不肖子孙，我丧尽天良，自私自利，只为自己一点儿小事去死，去自杀，不会替父母想想，不会懂得父母有多么伤心。有问题的是我，你知道吗？是我这个罪孽深重的人害得全家不得安宁。现在我还给他们安宁，还不行吗？你们要我怎么做才放过我？

老师：一个人怎么会为一点小事而自杀？那些认为一个人会为小事而自杀的人，应该是非常自以为是的人，他们只会以自己狭隘的判断来评定别人。究竟是大事或是小事，只有当事人自己才能决定。

是吗?

学生:我一辈子是父母手中的玩偶,我没有要求他们生下我,是他们自己要生的。生下我嫌我麻烦,可以掐死我呀!如果他们不想脏了自己的手,那我自己去死。我的生命该由我自己做主了吧?为什么要救我?

老师:是的,人没有出生的自由。人的出生没有选择,是被动地来到这个世界。人也没有权利自己选择出生的家庭与环境,命运把你降到哪里,你就是那个家庭的一员。

你是你家的独生子,你父母说你是他们的心肝宝贝,对你疼爱不已。到底发生了什么会使你痛不欲生?

学生:他们疼爱我?你相信?我小时候听他们讲他们喜欢我,疼爱我,我还不懂,现在我知道了,他们疼爱的是他们自己,是他们的面子,是他们的虚荣心。哪里是为了我?其实他们并不是想救我,只是因为如果我死了,是自杀的,他们没了面子,没法与别人交代。他们还不是为了他们自己。

老师:你父亲和母亲都是这样的人吗?

学生:我妈是绝对强势,我爸唯唯诺诺,没一点男人气,他怕我妈。不过,他对我发起火来,简直像野兽。

老师:他们是情绪不好时才折磨你呢,还是一直对你不好?

学生:我说过,他们对我太好,是我不好,是我罪孽深重,是我不孝顺。

老师:能举些例子说说他们是怎么对待你的吗?

学生：我妈是那种忒讲究健康的人，她的行为就像得了强迫症一样，如果我吃了汉堡和薯条等不健康的食品，她会吼叫半天，唠叨不停。你知道吗，我家从来不买可乐等饮料，因为那些饮料不健康；我家也没有巧克力和糖果，因为它们会损坏牙齿。

我是个不懂冷暖的玩偶。有一天我们从商场出来，在二楼的电梯前等电梯。我妈要我把羽绒服穿上，外面天冷。我当然知道外面冷，雪还没有化，但是二楼的电梯口有暖气，一楼的过道也有暖气，我到一楼的出口处穿羽绒服也不迟。但我妈非让我在二楼的电梯前把衣服穿上。我不穿，我妈就大声吼叫，周围的人像看动物园的动物般围着我们看。在这种不讲理的人面前，我只有投降，在那么热的走道里，在拥挤的电梯里，裹上厚厚的羽绒服。我心里非常生气，也很难受，我觉得大家都在笑话我们，我无脸抬头看周围的人。

今年我都10年级了，移民加拿大4年。你知道我换过多少学校吗？4所学校！在加拿大，我几乎是每年换一次学校。

我父母都不是事业成功者。他们移民到加拿大后，英语不好，找不到好工作，收入不高，根本没钱买房子。他们只能一次又一次地搬家，有时是因为房租太贵；有时是因为与房东吵架被赶出来；也有时因为他们换工作了，原来租的房子离打工单位太远，他们只得搬家。他们搬家时从来没有想过我，我换一次学校，就失去了一批朋友。每到一个新学校，根本就不懂学生中的那些"潜规则"，经常受到野蛮同学的欺负。我曾乞求我爸妈，他们要搬家就搬，但是我不要转学。可是他们不同意，他们认为住的地方离学校太远，多花车费不说，还要花很多时间在路上,会影响我的学习。他们说,我的学习是头等重要的大事,转学是为了我能更好学习。

但他们不知道,也不想知道每所学校的教学方法是不一样的。我经常是没有完全搞明白学校里的一些学习规矩时,他们又开始忙着搬家了。

在新学校里,课堂讨论时我不知道自己应该去哪里。有时老师会安排我去某个小组,但是看到那小组里的同学对我不屑一顾的样子,听到他们的冷嘲热讽,我只想逃离。

我的成绩永远达不到我爸我妈的期望值。"你这个蠢货"是我爸给我的昵称,我妈叫我"讨债鬼",我是人吗?我究竟是什么?

老师:你父母这么称呼你,你觉得这是他们的一种情绪表达,还是他们确实讨厌你?

学生:他们讨厌我,因为我成绩不好。我是蠢货、笨蛋。我贪玩,不努力学习。他们要我一刻不停地看书做作业,见不得我有一会儿的空闲。有时,我做完部分作业,就看看手机。如果我妈发现我在看手机,会突然爆发出刺耳的尖叫声,叫我赶紧做功课,不准玩手机。有时,晚上我已经做完作业,正想玩一会儿电脑,我妈会蹑手蹑脚走到我房里,猛地拍桌子,"不——准——玩!"那三字能把心脏震裂。

这种生活我能过下去吗?

老师:你父亲的态度怎样?

学生:我父亲只会跟着我妈起哄。"别玩了,做功课""关电脑,快睡觉",他从来不会问问我在看什么,我为什么不睡觉。

其实，我最近一段时间感觉非常不好。

老师：怎么不好呢？

学生：我经常睡不着，睡着也好像醒着那样，一个梦接着一个梦。我会梦见我跑到悬崖边，突然掉下去，一下子被吓醒，醒后一身冷汗，心跳得厉害。我还会做一些有人追赶我的梦，梦中我的腿怎么也抬不动，迈不开步，非常紧张。

老师：这些都是焦虑性的梦，说明你有焦虑情绪。

学生：我晚上睡不好，早上特别难受，根本不想起来。

老师：饮食状况呢？

学生：我爸妈不在家时，我根本不想吃东西。晚上他们回家后，我只能随着他们一起吃饭。我妈在发现我没吃她帮我准备的午饭后才知道我没去上学。因为学校通知家长我没上学的电话录音都被我删掉了，其实我已经好久没有上学了。

老师：什么原因使你不想上学呢？

学生：我没有力气，起不来。我总觉得我哪里都不对，可是我不发烧，不咳嗽，也没有什么地方特别痛或发炎，只是全身没力气。

老师：心理上的某些疾病是没有特别的躯体症状的，现代科学还不能用什么生理指标来测量焦虑症或抑郁症。你近来有没有这样的状况，你对自己平时感兴趣的事情不再感兴趣？比如，你平时一直比较喜欢做的事，近来兴趣都在减退？

学生：我没有什么特别感兴趣的事，我不喜欢运动。我通常待在家里玩玩电脑游戏，上上网。最近游戏也玩少了，反应慢了，注意力不能高度集中,总感到没什么开心的。其实我原来就像你所说的那样,玩游戏时反应挺快,逻辑推理也还行,但是现在玩起来没那么有意思,但是不玩,整天躺着更难受。

我想上学,我不是那种不要读书的人,只是我最近早上真的很难起床,头痛没力气,整个人软软的,一直觉得压抑难受。

一天没去上学,第二天觉得更累,也不知道学校有哪些功课没做,会有些什么测验,所以更不想去学校。

老师:你会控制不住流泪和哭吗?

学生:经常会一个人哭,尤其是上网看到一些东西时,眼泪会不停地流,感到很伤心。

老师:你自杀的念头有多久了?

学生:想了好久,总觉得死了就太平了。那天,我原已答应爸妈我会上学,他们早上还送我到了学校门口。但是,我踏不进学校,我不想见到那些认识我的人。于是,爸妈一离开,我转身就回家。

老师:你说,你不想见到那些认识你的人,那是为什么?

学生:我觉得他们都开开心心地在学校里,而我没有一丝一毫的开心,我与他们不是同一路的人。

老师:按照你所描述的症状,你有抑郁倾向。你了解抑郁症吗?

学生:我知道,我查看过网上的资料。

老师:那好,根据你自己查阅的资料,你认为你是什么状况?

学生:我有忧郁症。

老师:你与你父母交谈过吗?

学生：没有。他们是那种会理解我的想法的人吗？我与他们没法沟通，没有共同语言。我妈知道我没上学，似乎天塌下一般，连环炮似地吼叫、责骂，逼得我只想一头撞墙死了算了。难道我的生活只有读书吗？我妈骂一阵，号啕大哭一阵，她说她白养了我这个儿子，不上学、不努力、白痴一个，还待在家里干嘛？

我妈冲着我骂，指责我玩电脑游戏上瘾，玩手机玩得发疯不上学。为什么他们非要说我玩游戏上瘾呢？上瘾是那种玩得无法停下来的人，而我是生活中除了电脑没有其他事情可以做的人，完全不一样。他们怎么会理解？

她对我咆哮久了，就转向我爸，指责他没有好好管教我，养了个逃学的混蛋。我爸怒气冲冲跑到我面前，一副要把我打入十八层地狱的样子。大概他比较胆小懦弱，还不敢动手打我，只能挥挥拳头。

我只是呆呆地看着他们在表演，那一切似乎与我无关。我的脑袋空空如也，觉得我不属于这个地方，他们不要我，我也不想留。渐渐地，我只听到"轰轰"的噪音，听不清他们在说什么。

我看见我妈把我的手机拿走，我爸走上前，推开我，把电脑连接线拔下，把显示屏抬走。我一言不发，没有任何反抗，任凭他们怎么骂，怎么做。

他们拿了我的手机，抬走我的电脑，那个时刻，我的心真的凉到极点。他们从不问问我心里想些什么，也不管我难受不难受，他们的眼里只有"读书"两字。他们说："没有电脑你会死呀？"他们说对了，我会死。

老师：什么说对了？

学生：我会死呀！当然不只是为了他没收手机和电脑而死。他们是那种能把你折磨到你没法活下去的人。我控制不了我的手机、我的电脑，但我可以控制我的生命。我不活了。

那天夜深人静时，我去了厨房，把药柜中所有中国带来的药，加拿大的药，过期的、没过期的统统吞下去，希望一觉醒来能上西天，省得整天又吵又闹。

不知怎的，他们把我送进医院。没死成。

（二）

老师：医院里的医生对你说过什么吗？他们作出什么诊断？

学生：他们没多说，他们希望我尽快去见心理医生，所以我父母就把我绑架来了。

老师：你来了就好。药物和心理治疗能改善你的抑郁症状。

学生：我生活在那种环境里，一直被枷锁套着，能不抑郁吗？大家都以为我是玩电脑上瘾而不上学，父母没收电脑后，我就自杀。然后指责我没良心，是不肖子孙，不会体谅父母。为什么父母不会体谅我？为什么要这样胡乱给我定性？为什么大人们有权利胡说八道？

老师：你有抑郁症状，患抑郁症的人常有自杀倾向。这是病情导致的后果，当然现实生活的压力也会使人走投无路。

学生：在这样的家庭里生活，能不得抑郁症吗？我并不只是因为他们没收手机和电脑后才想死的。我想自杀的念头早几年前就存在,只是那时我还有心愿没有了结。

老师:什么心愿没了结?可以告诉我吗?

学生:现在心愿已了,大家都知道了,已经不是什么秘密。其实,这本来也不是什么神秘的事情,只因为我爸妈的控制欲太盛,始终将我捆绑,我是个没有自由的人。我已经不是三岁小孩,我想做一些我愿意做的事,当时我几乎没法完成心愿就自杀了。

老师:发生了什么?

学生:如果我长发飘逸披肩,像个女孩那样,你会怎么看?

老师:加拿大是个比较自由的国家。一般来讲,学生可以自由选择留什么发型。不过,有些学校,主要是私立学校,会规定学生的发型该怎样,就像他们规定要统一穿校服那样,发型也有一定的要求。你们学校有要求吗?

学生:我们学校没人管,什么样的发型都有。我的头发留了整整一年没剪。我爸妈经常指着我的头发像魔鬼式地又喊又叫。为了让我剪掉长发,他们绞尽脑汁,想方设法,我有时觉得他们为什么非要我按照他们的方式行动,难道我就没有一点儿自己可以决定的事吗?后来我的头发很长了,我妈怒不可遏,她拉着我的头发想让我爸强行剪下,可我毕竟身强力壮,个头比爸还高,凭体力,他们哪是我的对手?头发没剪成,但争执始终存在,而且一次比一次严重。这长发就在不停的吵吵闹闹中保留了一年。我与父母之间的冲突加剧不仅仅是玩电脑的事,当然与我的长发有关。我的长发把他们激怒到嗓子眼,他们的愤怒把我逼到悬崖边。我们之间的那一丝联系,早晚都会崩裂。

三月的一天,我把长发剪了,理了个光头。我爸妈惊讶不已,但也不高兴,认为头发剪短就行,为什么要理光头,像个不正经的孩子。

他们的谩骂我不在乎,因为我感到心里踏实了,我了结了自己的心愿,我把我的头发捐给癌症中心了。去年,有一次学校里搞活动,老师说癌症病人化疗后成了光头,希望大家捐头发做假发套,至少能让他们有一个比较像样的外表,能有一丝安慰。一般剪下的短发是不能做发套的,需要较长的头发。我留长发就是为了让癌症患者能有真头发做的发套,让他们在痛苦时有所安慰。我做到了,头发捐了,心愿了了。

老师:为什么不告知你父母?

学生:我不想将这种小事在没有做成之前就到处张扬,就是我捐了头发,也没有必要让大家知道。难道男孩就不能留长发?我不明白他们为什么会认为我留长发是"羞耻行为"。我没有办法改变他们的那些奇怪观念,我也不指望他们能尊重我,我只希望他们不要管我。

老师:沟通能增加相互了解,如果你早点告诉你爸爸妈妈你留头发的目的,他们或许不会一直责骂你,让你一直心理有压力。

学生:他们会听我说吗?从小到大,他们想过我是一个独立的人吗?我有我的思想、我的爱好、我的愿望,我是我,我不是他们的什么东西。我是一个人,一个有血有肉活生生的人,他们知道吗?

我爸我妈没有什么朋友,他们一直忙于打工。偶然有什么人过来跟他们讲有什么好玩的地方,让我与他们的孩子一起去玩。我妈马上回答:"我儿子不喜欢玩的,他有功课要做。"

他们问都不问我,就把我搁置一边,擅自替我回答,说我不爱玩,那我算什么?他应该说他们不会让我去玩,那还算是真话。可是,他们说起假话来没有丝毫隔顿,顺口就出,怎么可以这样?他们居然还教育我不要说谎,不可骗人,可是他们自己呢,满口谎言。

我不能理解,我爸爸和我妈妈在管教我方面怎么会目标一致,一个帮着一个来压制我,但他俩之间却是争吵不断,每天都闹,没有一天空闲。为了一顿饭,他们会吵;为了买东西,他们会争执;为了钱,更是闹到要砸锅。一日复一日,在这种争吵声中,我能安心读书吗?如果我心烦玩一下电脑,他们两个马上就转身扑向我,嚷着叫我关上电脑,马上做作业。

有一天,我听到他们刺耳的吵架声,忍无可忍,就说了一句:"别吵了,你俩待不到一起,就离婚吧!"

真不知道我的这句话踩到哪个地雷,我妈跺着脚,大哭大叫:"你这没良心的,我忍着不离婚还不都是为了你?我离婚了,你没爹,让人嘲笑你啊?都是为了你,我没过上好日子!"

都是为了我吗?你们是为了我而争吵吗?我没爹,人们会嘲笑我吗?我好多同学的父母都离婚了,他们过得挺好。为什么你们要怪罪到我身上?

这是我想死的另一个原因。我死了,他们能过上好日子。我成全他们。

（三）

老师：我们现在没法谈论你父母的婚姻关系问题，因为他们不在这儿。我们说一大堆他们应该怎样怎样是没有用的，他们的问题需要当面与他们谈。我们所能做的就是我们如何面对这样的家庭状况，难道只有死路一条吗？

有一位哲学家说过：人们生气，往往是以他人的缺点来惩罚自己。

你父母没法处理好他们的婚姻关系，是他们的问题，是他们的缺点，然而你很生气，你想以他们的缺点来惩罚你自己，你想死，想自杀。所以说这不是解决问题的方式。

你首先要解决自己的问题。忧郁状态是一种很折磨人的、揪心难忍的痛苦情绪。人在痛苦情绪之下，他的理性、思维能力、逻辑判断能力以及创造能力都会下降。所以，情绪抑郁的人很难处理好自己面临的困难情境。情绪不稳定的人应该先治疗情绪问题，当情绪稳定后，当自己的判断能力恢复正常时，那就可以做出合理的解决方案。

人在抑郁状态下，总觉得"山重水复疑无路"，想以终止生命的方式来了结痛苦。但是，抑郁情绪的人应该知道，当自己情绪好转后，往往会发现"柳暗花明又一村"，天无绝人之路。

曾经有人受了冤屈，非常愤怒，认为这个世界太不公平。在冲动情绪的支配下，丧失理性，一跃从高楼跳下，想以死来解除怨恨。结果，他人没死，身体残疾，一辈子没法站起来。虽然他的冤屈很快就消除,但他身体的伤痛将跟随他一辈子。

也有个女学生与她的男友争吵,她不能忍受男友的背信弃义,吞下了很毒的化学制品,把自己的消化道严重灼伤。她心理的痛苦并没有消除,男友还是离她而去。她以她男友的过错惩罚了自己。

还有一个患抑郁症的女孩,由于自己情绪不好和其他多种原因,她在自己的男朋友最需要她的时候置之不理。不幸,那男友自杀身亡。这女孩受了沉重打击,内疚不堪,失去了活下去的勇气,也服毒自杀。幸运的是,她自杀未遂,被救活了。后来她接受了治疗,身体恢复了健康。她现在生活得很好,她知道深爱她的男友一定会遵循他临死前对她的祝福,他会在天上保佑着她,他会看着她快乐、幸福、健康地生活。

死亡是一个人人要面对的问题。可能因为焦虑、因为恐惧、因为偏见,因为各种各样的理由,它成了人们谈话的禁忌。一些人,尤其是年轻人,在尚未真正理解死亡的意义时,在缺乏认真思考的情景下,贸然采用自杀行为来解决原本可用其他方法解决的问题,那多可惜呀!

(四)

学生:我从来也没有想到我与父母的沟通会是这样的,我们沟通的状况完全出乎我的意料。我思考了很久,想了很多可能性,但唯独没想到我父母会先向我检讨,他们居然180度大转弯。我没想到。

老师:你们谈了些什么?

学生：我对他们说我想与他们谈谈。我还没来得及说出我想谈什么，我爸我妈，主要是我妈，就迫不及待地说什么他们以前对我不够关心，经常用他们自己的想法来压制我，他们以后一定改正，希望我原谅他们，一定一定不要伤害自己。还说什么如果我不快乐，他们也不会快乐，如果我死了，他们也不想活。他们这么一说，我似乎没有什么话可说了。

老师：看得出来，你是你父母的独生子，他们爱子如命。

学生：他们这么一说，我无语了。我按照你讲的"换位思考"原则想了想，其实我爸妈也挺不容易的。看到自己的孩子不上学，留着女孩子那样的长发，不高兴就吞药自杀，他们也是拿我没办法，他们也会生气、也会焦虑、也会愤怒。现在我可以理解他们的心情了。

老师：改善关系的前提就是相互理解。你能这样理解，不仅有利于你与父母的沟通，更重要的是你自己的情绪会好转，抑郁减轻，说话做事会比较理性，然后进一步改善与你父母的关系，进入一个正面的良好的循环。

学生：我也希望这样。

老师：你与你父母刚经历了一场危机，遇到彼此都不愿意遇到的困难情境，大家心理上都受到冲击。现在，你们都在努力反省，使得危机能平和度过。然而，生活不会一帆风顺，风浪还会扑来，矛盾还会出现。大家只有在每一个冲突到来时能控制情绪，能换位思考，能积极沟通，未雨绸缪，那样大家才能过得开心、健康。

学生：知道了，谢谢。

也是潜能发挥

阿伦因他爷爷的自杀,心理上受到巨大冲击。

他爷爷自杀的情景、自杀的方式以及为何自杀的困惑,搅得阿伦无法正常地迈进课堂上课,无法安稳躺下休息睡觉,无法熬过那折磨人的一日又一日。即使在青天白日,爷爷自杀的情景也如噩梦般地闪入他脑海,令他恐惧不已,身体颤抖。

阿伦的妈妈更是心痛内疚,她不时地责怪自己,她不能原谅自己为了办事而让重病缠身的爷爷一个人待在家里,乃至出现如此残忍的悲剧。

"我家到底怎么啦?我们该怎么办?"尖刺的吼声在他脑海中盘旋,在他胸口里撞击。

慢慢地,他一边哭泣一边说出他的遭遇:

他爷爷和奶奶一直相依为命。前几年,爷爷突然脑梗,经抢救后生命保住了,但半身不遂,失去了独立生活能力。他奶奶得过乳腺癌,治疗后还算稳定。爷爷病倒后,家里所有的事情全由他奶奶料理。体弱多病的奶奶还得照顾卧床不起的爷爷,非常辛苦。

一天凌晨,天还没亮,他奶奶就打电话给阿伦爸爸,说她心口痛,很不舒服,是否要去医院看看。他爸马上把奶奶送进医院。

他奶奶刚进医院就失去知觉,昏迷不醒。医生们抢救了好久,可奶奶再也没有醒来,就这么突然地走了。

他奶奶一走,全家乱了阵脚。他爸爸妈妈商量后决定暂且不把这个噩耗告诉爷爷,以免爷爷过分悲痛后再一次脑梗。他们悄悄地料理了奶奶的后事,只对爷爷说奶奶胸口还痛,仍在医院治疗。

他爷爷自杀的那天早上,阿伦的妈妈准备好爷爷所需要的茶水、饼干和纸巾等,各种东西都整理好放在爷爷床边,告诉爷爷她有要事必须办理,可能会晚一点回来。那天上午,阿伦总觉得心里有点慌,有股说不出的难受。在午饭休息时,他就离开学校快步跑去爷爷家看看。他一进门就惊呆了,他看见他爷爷吊死在二楼边的楼梯栏杆上!他惊吓了,拼命地大声喊叫。周围的邻居不知出了什么事,马上就过来了。阿伦一直躲在门外不敢再进去。

后来阿伦知道,他爷爷已吊死了几个小时。

"老师,我不想说我爷爷奶奶怎样宠我、爱我,人老后终将死去,这我能理解。但爷爷吊死在楼梯上的样子太可怕,一直挥之不去,总在我眼前晃着。我一闭眼,我就看见他了;晚上睡觉,满脑子都是那个恐怖情景,我该怎么办?"阿伦诉说着。稍停片刻,他继续说道:"最悲惨是我妈。她整日不思饮食,不想睡觉。她不停地责备因自己外出办事留下爷爷一人在家,结果出现这样的悲剧。"

爷爷的意外死亡,导致阿伦和他妈妈出现"创伤后应激障碍"的症状。

所谓"创伤后应激障碍"(Post-Traumatic Stress Disorder,PTSD),是指个人经历了超出人之常情范围的、几乎对所有的人都会带来明显痛苦的事件后所触发的强烈心理反应。个人经受严重伤害、天灾人祸和生命受到威胁等都是创伤事件,目击意外死亡或恐怖事件也是创伤经历。当事人有可能在日常生活中反复出现不可遏制的创伤事件闯入性回忆;也有可能在梦中再现创伤事件。当事人的注意力和记忆力严重受损;尤其是那种内疚和抑郁的情绪反应经久不消。严重的焦虑、内疚,以及对事件的不可控制的悲观想法控制了当事人的思维、情绪和行为。

心理学研究表明,内疚是一种伤害性极强的情绪反应。阿伦妈妈的内疚感令她无法正常生活。

PTSD的治疗并非易事。许多患有PTSD的美国退伍军人经过药物治疗、心理治疗和团体辅导等综合性长期治疗后,虽然多数病人的病情能够好转,但仍有部分PTSD病人一直无法恢复正常。

每个人的PTSD的缘由和症状都不相同,因而处理方法也因人而异。

我相信,所有来访者对他自身的生活遭遇和内在心理感受的自我认知一定比治疗师更清楚,因为,那是他的生活,是他的经历。心理治疗师都明白,同样的一个刺激,即同样的情景因素,引致人们的反应各不相同。各人有各人的体验、理解和情感反应。从另一方面来理解,当事人所描述的情景,即事件的发生与发展将受他的信念、相互关系、社会舆论和自我观念的转变而发生变化。换言之,如果当事人认知状况和情绪反应有所改善的话,那么,他们对情境的反应也会有所不同。

心理治疗的一个方法是通过当事人对自己所经历的创伤事件细节的陈述来缓解其整体性恐惧,以协助当事人转换思考问题的角度,从而产生新的理解和情绪反应。若能恰当控制,心理治疗就能帮助当事人通过积极良好的正面认知转换,使他重新振作起来。

经历了创伤事件后,阿伦和他父母都处于思维混沌、情绪不稳的状态,对事件的陈述存在许多不清晰的地方。我想了解细节,我问阿伦:

"阿伦,你提到你爷爷已经瘫痪,基本上无法自主运动。那么,他一个瘫痪之人怎么能将自己悬吊在楼梯?爷爷家是怎样的一个居住环境?"

"这是许多人问的问题。当初警察也怀疑有无他杀或有人协助自杀的可能,结果都否认了,因为地上有爷爷拖爬的痕迹,而且也没

你，会回来吗？
——心理治疗师与你对话生死

有他杀的迹象。"阿伦这样回答。接着，他详细描述了他爷爷居住的环境。

爷爷家居住在一个旧式的老房子里，那老房子原来只是一个一层的平房。很久以前，爷爷在平房内搭起一个阁楼作为睡房，一楼成了客厅和吃饭的地方。当然，厨房、厕所都在一楼。自爷爷中风后，因为无法上下楼，爷爷奶奶就搬到一楼睡觉，那阁楼就成了储藏室。

"我爷爷有能力自杀吗？为什么这么做？我家讨论了无数次。"阿伦思考了一下，继续谈起他家的一些分析。

他们讨论的第一个问题是爷爷为什么要自杀？

奶奶的去世对他肯定是致命的打击，不过，阿伦全家谁也没有直接告诉爷爷关于奶奶已经不在人世的真相。

阿伦说："第一种情境是爷爷猜到或者心灵感应到，奶奶已经不在人世。他们老两口一直相依为命，奶奶是一个勤劳能干的人，尽管身体不好，家里家外都由奶奶主管，爷爷只是个憨厚的书呆子。可以这么说，奶奶走了，留下半身不遂的爷爷，他自然会丧失生存下去的欲望。

第二种情境是爷爷并不知道奶奶已经去世。自奶奶送去医院后，爷爷一直由母亲照顾，他于心不忍。他知道自己很难康复，年纪又大，一直有着不想给家里添麻烦的想法。他知道我家没有能力同时照顾两个病人，经济条件又不好，他的存在给家里增添了巨大的压力。爷爷是个非常善良的人，总是替人着想，不愿给别人添麻烦。

其实,我们谁都不知道爷爷究竟为何自杀,我们的分析都是乱猜。"

我告诉阿伦,他们的分析很好。从心理学角度来说,自杀的人都是因为太痛苦,那种无法解脱的痛苦让自杀者感到绝望无助,因而他们采取终止自己生命的方式来解除痛苦。

从阿伦爷爷的自杀案例来看,他们全家有着太多的疑问,而那些疑问加重了他们的心理压力。

"你能说说你爷爷家楼梯高度吗?爷爷能爬过去吗?有可能将自己悬吊起来吗?"我询问一些细节,试图能从具体情境来消除困惑。

阿伦解释道:在他爷爷家,从一楼到二楼一共 13 个台阶。他看到的是爷爷悬吊在大约第 9 级台阶的栏杆的位置上,比爷爷自己身高稍高一点的地方。因为当时非常害怕,也没有看得很清楚。

阿伦问我:"老师,从专业角度来看,一个人能否做出超乎他平时能力的事情。"

"应该可以,"我给了阿伦一个肯定的答复,"因为在应激状态下,如果个体机能总动员,就可能呈现奇迹。"

我告诉阿论,曾有这样一个传说,很久以前,在印度的一个大庄园里,住着一位非常有钱的孤老太太。一天夜晚,庄园突然失火,无情的大火把庄园烧成一片废墟。周围的邻居们都很难受,看到庄园烧成那样,大家都认为住在里面的老太太必定葬身火海了。

然而,次日早晨,人们在远离庄园的树林里发现了一位老太太坐在一个铁箱子上。原来她就是那庄园的主人。村里的好心人来搀护老太太回家。那老太太站起来,嘱咐村民们别忘了帮她把铁箱一起抬回去，因为那箱子里装满了金银财宝。有个壮汉试图扛那个珠宝箱，谁知他怎么也抬不起来——箱子太沉了。结果，好几个人帮着抬，方能挪动铁箱。人们都以为大火时有人帮老太太扛箱子出逃，可老太太坚决否认。村民们要老太太再显示一下她的神奇力量，可她当时根本无法挪动一丝一毫。

当然，这传说查无实据。但现实生活中也有类似报道，如某个母亲，为了救孩子，能抱着平时她无法抱得动的孩子，以极快的速度奔跑，及时将孩子送到医院；也有报道说，在战场上，身材瘦弱的女护士能冒着枪林弹雨，突然间力大无比，背起身高马大的战友就跑。

这并不奇怪，在应激状态下，机体在应激反应中，下丘脑-垂体-肾上腺轴被激活，促进肾上腺皮质释放皮质醇，通过一系列的机体应激性调节，使个体能够施展浑身解数，充分发挥潜力，显示出超常、超强的能力。

我告诉阿伦，这是针对他想知道一个人何时能做出超乎他平时能力的事情的回答。但他爷爷是否在应激状态下发挥了超常能力，那需要进一步的分析讨论。

阿伦饶有兴趣地听着这些心理学的故事。他后来告诉我，那些心理学的故事让他开了眼界，使他能够从多元角度来看待与分析问题。

"那么，什么情况下会出现应激反应呢？"阿伦继续提问。

我解释道，应激反应实际上是我们身体内的原始的、自动的、与生俱来的应付外界威胁和侵犯的生理心理反应。

应激反应有两种形式：战斗或逃跑，英语是 Fight or Flight。战斗，Fight，顾名思义，就是积极的应对反应，大脑皮层唤醒水平提升，注意力高度集中，思维敏捷，快速对传入大脑的信息作出认知评价，机体处于高度警备状态，随时准备战斗；而逃跑，Flight 式的应激反应是指大脑皮层过度唤醒，机体表现为严重焦虑紧张。比如，有些动物不去迎战，而是被动地逃避。逃避的形式多样，有的动物在受到威胁后难以逃脱，它们在走投无路的时候就站在那里一动不动，食肉动物不容易发现它们，或许能够得以活命。还有一些动物表现出冻结样装死，希望敌人会失去兴趣而离开。

阿伦不停地点头，他从爷爷的自杀事件的困惑转向了学习新知识的欲望。他表示他完全能理解人类或动物的应激反应。

为了帮助阿伦进一步了解人体超乎寻常能力的释放，我提到了人类的内驱力。

内驱力是指人类为了满足自身的某种需要，机体内部处于唤醒状态或紧张状态，呈现出一股推动有机体活动从而达到满足该需要的内部动力。

瑞士著名心理学家卡尔·荣格在集体无意识的基础上还提出了"生命驱力"，一种个体在环境和自我交互作用时产生的内在驱力，其实质是向个体提供积极性的暗示信号。它是一种最原始的、积累了整个历史经验的心理体验在人脑中的无意识反应。

提到内驱力，自然会涉及人类行为的动机。动机与内驱力相似，但不一样。人们比较容易理解什么是动机，它是一个常用词汇。动机用于解释行为的理论建构，它代表了人的行动、欲望、需求的原因。

动机也可以被定义为一个人的行为导向,或者说是什么原因导致一个人重复某个行为。反之亦然,动机也是反复阻止一个人的某种行为的原因。

一个人如果在强烈的动机驱使下,有时能促使潜能发挥,完成他在一般情况下完不成的任务。有一个动机促进模式,就是一个阶梯性的逐步提升的行为模式:

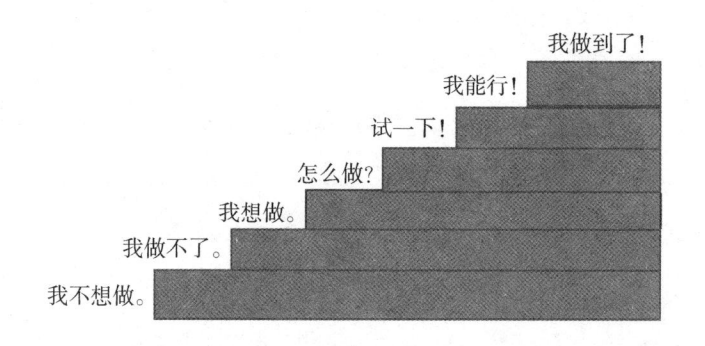

```
                              我做到了!
                        我能行!
                  试一下!
            怎么做?
      我想做。
我做不了。
我不想做。
```

我对阿伦说,如果一个人没有愿望,没有动力,不想做事,那他就什么也没有做。一旦一个人有了强烈的动机,想做一件事,他就有可能实现。这就是动力驱使模式。

阿伦低头想了一会,表示他想用心理学的一些知识来分析爷爷的自杀悲剧。阿伦认为,他爷爷自中风后,躯体瘫痪,生活不能自理,他确实非常痛苦。他多次表示自己活着是累赘,给家里人添麻烦,尤其苦了他奶奶。

阿伦回想起爷爷去世前生活中的一些细节。有一次爷爷行动不便,把一碗汤打翻了,奶奶忙着擦洗,阿伦就上前帮助搀扶爷爷。爷爷对阿伦说,他不想活了,活着太累,太苦。但怎么死呀?尽管爷爷口齿不清,说话大舌头,可阿伦听得很明白,听了心里很难受。阿伦不知说什么好,就劝他爷爷好好养病,多享受幸福生活。他爷爷听后,一直摇头,嘟哝着:"没有幸福生活,没有啦!"

与爷爷的这个简短对话令阿伦难受了很久,他觉得自己很笨,不懂得如何安慰爷爷。爷爷是个知识分子,以往自己的衣着外表都是很讲究的,后来行动不能自如,还能谈什么外表呀!如果站在爷爷的立场想想,确实是活得很痛苦。

听到阿伦能站在爷爷立场来思考,我感到很欣慰,我相信阿伦的心理状态一定会出现明显改善。阿伦若能振作起来,那他就有可能去帮助他爸爸妈妈度过艰难的心理创伤期。

阿论继续分析,他认为爷爷想死的念头一定有好久了,爷爷病后痛苦难消,有着想死的内驱力。

阿伦估计,爷爷也许已经知道奶奶的去世。有一天,爷爷向妈妈提起奶奶的事,阿伦母亲忍不住哭泣起来,过了好一阵才强行止泪,谎称奶奶病情已经稳定,只是在医院观察。不过,爷爷似乎并不相信妈妈那"善意的谎言"。自那次询问后,爷爷再也没有向任何人问他奶奶的事。不过,阿伦的父母会继续向爷爷报告奶奶的"病情",爷爷再也没有接话茬,没有主动询问任何事情。

阿伦说,他爷爷应该早就准备了那根绳子,只等机会。那天妈妈离开,家里没人陪伴,爷爷有了采取行动的时间。"真的,从爷爷的角度来想,奶奶死了,他自己的病情难以康复。与其在病床上痛苦地等死,还不如早早死去与奶奶相会。所以,爷爷使出所有的力气,甚至是超乎寻常的力气爬到楼梯上,用自己只有一点儿活动能力的左手把自己捆在绳子上,然后身体一转,自己把自己甩向楼梯外,悬吊起来,窒息致死。太悲惨,太恐怖了!"阿伦回想起当时可能的情景。

谈话结束时,阿伦深情而感慨地说:"我知道,我爷爷也是好样的,他将自己的潜能发挥到极致,做出常人在他的身体条件下做不了的事。他实在了不起!"

虽然阿伦还是悲伤难过,不过,他思考问题的角度已经转移。

我明确地告诉阿伦,他的分析只是一种可能性,但事实的真相究竟如何,没人知道。他爷爷死了,爷爷的真实想法也带走了,余下的都是人们的分析猜测。若是真正地尊重他爷爷,那什么也不要猜,逝去的人,让其平静离开,不要再给他扣搭上各种猜测出来的缘由。活着的人,需要坚强地活下去,前面的路还很长,要继续往前走。

实际上,那些经历了心理创伤的当事人,悲剧刚发生后,由于情绪和混乱,经常会在创伤事件的描述中存有许多尚未填满的空白。如果当事人能够理性地根据自己的经验找出细节来填补空白,随着细节的增加,整个经历的形貌就会改变,当事人对创伤的心理感受也随之改变,他将以新的方式检视自己的故事。

阿伦在谈话之初,他个人的思维与情感都被他所目睹的爷爷自杀的恐怖场景所笼罩,以致他无法理解爷爷的自杀行为,责备爷爷对他们全家造成的伤害。

后来,当阿伦叙述创伤经历时,在填补客观经历中疏忽的细节时,他的关注点发生了转移,他逐渐将自己放到他爷爷的立场上,设身处地从爷爷的角度来分析问题,组成新的叙事,在另一类故事的陈述中逐步改善了自己的情绪。

诚然,创伤后的情绪障碍并非短时间就能完全好转,作为"换位思考"的心理分析方式为阿伦开启了一扇窗户,他看见了一缕光亮。他在继续寻找,他想振作起来,为自己,也为全家。

爱的窒息

　　什么是幸福，什么是不幸，这是个难以阐明解说的事情。幸福或不幸福是一种纯个人的内心体验，同样一件事，对某些人来说，可能是一件幸福的事，但对另一些人来说，则是一种不幸，一种令人窒息的折磨。

　　某医院，急诊室的观察室。

　　陌生人将服用过量安眠药的妙龄少女方方送进医院。方方始终没有开口说出自己的姓名，也不愿提供家属的消息。方方没有生命危险,医护人员给方方灌了肠,挂上输液瓶,让她暂时在急诊室躺一下,就急忙转身就去救治另一个刚送进来的急诊病人了。

方方迷迷糊糊地意识到了周围的吵闹声,或者说是周围的吵闹声唤醒了她。她感到剧烈的头痛,她不能也没想睁开眼睛。不过,她能感觉到有一群人围在她的周边。

她努力地思索着,想弄明白自己究竟在什么地方,发生了什么。房间里那股充满了酒精和什么药物的气味,让她觉得她好像是躺在医院里。

为什么在医院? 她的思考能力似乎很微弱,头痛得厉害。

尽管头痛,但是方方的感知在恢复,意识慢慢地变得清晰,她的思维功能也逐渐恢复。

有人在她的周围压低着嗓音说话,声音尽管很低,但是方方还是被动地听清楚了人们的议论。她听到他们在说些什么。

"这女孩年纪轻轻的,有什么事犯得着去死吗?"

"这种孩子怎么不想想父母的养育之恩,怎能丢下父母去自杀呢? 真是的,一点孝心也没有。她不知道她会让她父母多伤心吗?"

"这孩子如果真的死了,那她父母大概也活不下去。即使活着,也会伤心一辈子。这孩子怎么这样残忍?"

"现在的孩子都很自私,一点困难和挫折都受不起,一不高兴就自杀。在威胁谁呀? 爹妈养了她这么大,一点良心也没有。"

……

那些声音似乎很远很远,但又好像是近在身边的雷击,一声声重重地轰击方方的耳膜,戳进她的心里。

方方觉得头痛得要炸开一样,心也被揪得要撕裂一般。她不知道自己为什么没死成,为什么还要继续承受那些自以为是的人们的言辞折磨?

人们的评说犹如在她那涨得将要崩裂的颅骨内持续增压;也像是对她那流着血的伤口不停地喷洒盐卤。方方觉得她要崩溃了。

她不明白,为什么人们只要求她替别人着想,要求她为她父母着想,怎么没有人来为她想想?

她一直痛苦着,可人们从来不理解她,好像她是木头人,是不会思想的,是没有情感的。但她不是木头人,尽管她一直祈祷自己能成为一个没有思想、没有情感和没有需求的木头人,可是老天却不曾同意她的想法,仍然让她经受着达不成愿望的痛苦与煎熬。

方方怨恨那个把她送进医院的人,她恨那些多管闲事的人,她不想听那些无关者的蜚语。

那份无法形容的哀痛酿成了一股要大声疾呼的冲动,她想把她周围的那拨人全部轰走,她想将自己内心的痛苦都喷射出来。但是,她的嘴张不开,她的咽喉发不出声,她没有丝毫启动声部肌肉的能量,她只能静静地躺着,竭尽全力地控制着自己不要大声哭泣。

方方以无声的语言向那些在她身边唠唠叨叨的人投诉道:

"我是为了不再让父母为我操心而决定离开人世的。你们知道吗?你们凭什么乱说呀?"

方方的泪水顺着眼角涌了出来,她让它随着自己的悲伤流淌。

她静静躺着,不想去惊动周围的人。

方方默默地想着自己的悲哀:"我知道我爸我妈非常爱我,爱我甚于爱他们自己。只是我承受不了他们的这份爱。我是我,他们是他们,他们不能主宰我,我也不想主宰他们。没有了我,他们就自由了,我也自由了,这就是我为什么要自杀的原因。你们理解也好,不理解也没有关系。反正我从小到大,没有人理解过我。"

想着想着,方方不由自主地想起了陈强。陈强的身影似乎在她的眼前晃悠。

陈强是方方的大学同班同学,一位各方面都很优秀的帅哥,班上女生们心中的王子。

方方在班上是一位沉默寡言的女孩,不善于主动与人招呼,很少有机会与陈强单独聊天。

几星期前,不知是偶然还是必然,上自习时,陈强居然挨着方方坐下。大家不动声色地看了一会书,陈强主动地推了方方一下,轻声地叫方方到外面去与他一起复习。陈强说,一问一答,这样复习将更有效。

果然,他俩根据复习提纲你一句我一答地说了起来,效果非常好,仅一堂课的时间,其实还不到一堂课,他俩就把复习提纲全部过了一遍。复习完后,几乎没有一句多余的话,各自分开回家了。

方方为此兴奋了一夜。

之后,陈强常以复习功课为由,约着方方在校园内溜达,聊聊学校的事情,谈论社会上的一些消息。放学后他俩一起聊天,时间一晃

你，会回来吗？
——心理治疗师与你对话生死

就过去了，暮色降临。方方发现天色已晚，急着马上要回家，嘴里嘟哝着："爸妈一定在等我了，我怎么跟他们交代呀？时间怎么过得这么快呀！？"

陈强看着方方着急的模样，居然哈哈大笑。然后突然止住，一本正经地说："你怎么忘记爱因斯坦的相对论了？"

方方懵了一下。

"一个人如果坐在滚烫的火炉上，哪怕几秒钟也觉得是很长的时间；如果一个人与自己心爱的人在一起，那么几小时就像几秒钟一样飞逝而过。这就是相对论。"陈强爽朗地又笑了起来。

想到这里，方方的嘴角露出了笑意，尽管泪水仍挂在脸上。

方方想起她有几次因为放学后跟陈强聊天而回家晚了。方方的爸妈自然很不放心。他们不停地盘问方方：学校里究竟发生了什么事？

方方一言不语。她不能说。父母早就严厉表明过，大学毕业前不能谈朋友，要努力读书。其实方方并不是刻意要隐瞒什么，只是她觉得她爸妈无论如何也不会理解她与陈强的这种关系的。他俩只是一起复习功课，一起聊聊天而已。但是，方方知道她爸妈说不定会给她扣上什么早恋的帽子。是的，他们一定会这么认为的。方方决定什么也不说，尤其不能说出陈强的名字，否则一旦他们去找陈强，一定会弄出是非。

方方的沉默让父母非常不高兴。方方妈妈抱怨女儿大了，心眼多了，不跟父母说实话，必有见不得人的事。爸爸也发出了硬话，如果放学后再不准时回家,他们会去学校找她,接她回来。

方方担心的事果然发生了。

有一天傍晚,方方爸妈居然来到学校,恰逢方方与陈强从教室里走出来。方方看到他们,一下子愣住了。她妈怒气冲冲,三步并着两步走到陈强面前,严厉地警告陈强:"你这位同学,怎么不好好读书,上学期间谈什么恋爱?我家方方最近一直跟你在一起吧?她整日心神不定。你会影响她学习的。请你不要再与方方交往,就算我们家长求你了。"

方方听到她妈妈的那番话惊呆了。她没听清陈强说了什么,也搞不清楚自己是怎么被父母拖回家的。她觉得她一点面子都没有,没有自尊,丢人丢尽了。

急诊室里又来了人,医生护士们又是一阵忙乱。

当周围安静下来后,方方的思绪漂移到了自己的童年岁月。想到自己小时候的委屈,眼泪又刷地涌了出来。近来这些儿时记忆常盘旋在脑中,犹如播放录像一般。

方方记得在她小时候,不,一直到长大成人都是这样,她吃几碗饭都由父母决定。有时她吃饱了,不想吃了,她父母会说,吃得太少了,会影响健康的,非让她按着父母的要求咽下他们规定的饭量。有时方方很饿,想多吃点,她的父母会拿下方方的饭碗,充满爱心地说,吃多了会影响健康。于是,方方只能饿着。

从有记忆到长大,方方不记得她有权利决定自己该穿怎样的衣服。她曾天真地要求过穿她喜欢的花裙子,她喜欢的毛衣。可是,方

你，会回来吗？
—— 心理治疗师与你对话生死

方一辈子，真的，她一辈子没有权利决定过她可以买怎样的衣服。所有，所有的衣服款式都是她妈妈决定的。她妈说，这衣服适合你，挺好看的，于是，那就是方方的了。方方从来没有发言权。她曾经非常想穿玫瑰红的外衣，带条纹的，说了多少回了。可是她妈说，那颜色太土，不好看，当然也不会给她买。方方哭闹过，争论过，但是没有用，她只能听从父母。

方方的头发式样也由她妈妈决定。方方曾经非常渴望能留长一点的头发，飘逸在肩，像大多数的女孩子一样。可是，她没有决定权，不能决定自己的发型。父母说短发好，那就必须一直留着短发。

方方的父母是失落的一代，他们自己不成功的怨恨都移加到方方身上。他们奢望着方方是个神童，是天才，样样都能得第一，但方方不是。所以，如果方方做的不如他们所期望的，他们就表示出那种令人难受的失落感，让方方只想把自己关起来，不再见到他们的脸面。

对孩子社交的操控是许多家长认为必不可少的事情。方方父母就是其中"杰出"的一对。有时，有朋友去找方方，在那个时刻，方方觉得她父母就像侦查员或派出所的片警一般，探头探脑地窥视，或将方方拉到一边盘问个清清楚楚，恨不得把朋友的祖宗八代都调查一番。

方方朋友的来信，虽然她父母不会擅自拆看，但他们会一直粘着方方，好声好气地打听是谁的来信，说什么啦？直至方方把信拿给他们看才罢休。这种逼迫让方方忍无可忍，但她又束手无策。

放学得准时回家,这是家规。稍有耽搁,那是一定要交代得清清楚楚,几点几分都得准确说明。儿时的方方似乎没有特别的异议,但随着年龄的增长和自我意识的增强,方方渐渐觉得自己像个被束缚的鸟儿,根本没有自由,她心中的反感和叛逆也日益加剧。

方方在她的日记中写道:"我不想说谎,也没有说谎的本事。但是,我长大了,我是越来越难以承受他们的这份控制。说了实话,他们不高兴;不说,他们就逼问;要撒谎,又没有本事,我不知道该怎么办。我的痛苦没有人理解,所以解决的方法就是了结自己的生命。我解脱了,我爸妈也不用再为我操心了。"

急诊室内又是一阵骚动声。有个病人送到方方旁边的那张床。一群医护人员簇拥而进。

"快把裤子剪开,赶紧止血。"

"别,别剪裤子。"一个女孩用颤抖的声音说着。

"如果不剪裤子,你脚上的皮要撕下啦!"

"我,我,……"女孩口齿不清地说了什么,方方没有听清楚。

尽管周围很闹,可方方觉得疲倦,迷迷糊糊地睡着了。待方方再次醒来,周围已没有了嘈杂的人声,她只听见轻轻的咳嗽声和低低的呻吟声。

"医生,你能让我回家吗?我奶奶不能动,需要我给她弄饭吃。没有我,她怎么活呀?"方方听见邻床那女孩的声音。

"你家没有其他人吗?"

"我没有爹妈,我只有奶奶。奶奶从小养我,现在她老了,我要照顾她。所以我不能在这儿,我要回去。我要给她弄吃的,我要回家,我要回家!……"

"不要多说话,你的情况不太好,不能回去。"

周围一阵沉静。不一会儿,骚乱又起。

"快推她到手术室,快抢救!"医生在那邻床的女孩身边发出叫喊。好几个医护人员走来走去忙乱一阵,那女孩被推走了。

那个素不相识的女孩,那个连正面模样都没有看清的女孩,那个与方方没有丝毫关联的女孩,居然让方方心潮起伏,牵挂万分。

急诊室内的安静令方方感到孤独,自己一个人躺在急诊室,周围的病人都在与死神搏斗,在挣扎。唯独自己不知道究竟想要什么,躺在这个没人关注的角落,无比凄凉。她第一次感到那份孤独比爹妈的唠叨还要恐怖。

悲伤感顿时涌上方方的心头,刚才的"回忆录"一下子荡然无存。方方越来越紧张,越来越害怕,她只想回家,她想睡到自己的那个床上,她想喝妈妈烧的小米粥。

总算等到一位护士走过方方的病床。

方方小声地问那护士:"刚才在我旁边的女孩怎样啦?"

"在抢救呢,活得了活不了还不知道呢。"护士说完就走开了,虽然方方还想问什么。

"她会死吗?那她奶奶怎么办呢?奶奶也会饿死吗?"方方的思绪陷进了那个想象的女孩的家,她仿佛看见老奶奶张着口燥舌干的嘴盼着孙女归来。

总觉得被父母剥夺了自由而倍感委屈的方方顿时想起了自己的爸爸妈妈,不知道他们会着急成什么模样。渐渐地,渐渐地,爸爸、妈妈和那奶奶焦急的身影不停地在方方眼前旋转,在脑海里翻滚。方方好像听见远方传来邻床女孩的呼叫声:"我要回家!我要回家!"那声音刺进方方的耳膜,方方忽地坐起,喊道:"我要回家!我要回家!"

那一刻,方方只想冲到父母的身边,然后去给那奶奶送饭。

方方立马从床上爬起来,快步跑到护士办公室,上气不接下气地对护士说道:"我能给妈妈打个电话吗?"

好人坏人 ♡

相　　识

老师：你说，你有99个理由自杀，只有一个理由不确定。那个理由是什么呢？

"丫头"：我自杀是为了想见死去的大哥。他不是我真正的哥哥，没有血缘关系啦，但他是我最最亲近的人。他死了，我也没法活。所以我决定去死，去与他相会。我已经反复想过，99条理由证明我该去死。唯一的一条就是我不确定我自杀后是否一定能见到死去的大哥。

人们都说大哥是个坏人，十恶不赦。大哥也说自己是个坏人。不过，在我心目中，他是世界上最好最好的人。大哥一直叫我做个好人，不要学坏。问题是，如果我算是个好人，那么我能见到"下地狱的坏人"大哥吗？我不知道我是否也要变成十恶不赦的坏人才能下地狱去见大哥呢？所以，在自杀前我想知道我要做好人还是做坏人。没有大哥的生活已经没有意思了。我想见大哥，我必须死。问题只是做个好人去死，还是做个坏人去死。

老师：这个问题很复杂。其实我与你一样，我也困扰着：天堂在哪里？它是那么美好，人们都想进天堂，那么，什么样的人能进去呢？入门的标准究竟是什么？地狱是那么可怕，什么样的人该下地狱？由谁来作出谁该进地狱的判定？这些问题在现今时代可能谁都说不清楚，道不明白。咱们暂不纠缠这些问题，先将它搁在一边。你还提出了一个非常有价值的问题，那就是什么是好人？什么是坏人？就你大哥而言，为什么同样一个人，有人说他"十恶不赦"，而你却认为他是"世界上最好最好的人"，你能告诉我更多一些有关你大哥的情况吗？

"丫头"：我说大哥是世界上最好最好的人，我有充分理由。不仅仅是我一个人这么说他，大哥的兄弟们也说大哥是世界上最好最好的人。我不在乎其他人怎么看，我也不管其他人怎么想。我最了解我大哥。他是天底下最男子气的人，最帅的帅哥，最聪明的人，最

你，会回来吗？
——心理治疗师与你对话生死

会关心人的人。还有，他大方豪爽，为人仗义，比我父母好几千几万倍，比起周围所有的人都好很多很多。他是我生命的支柱，他走了，我也垮了。我应该去他那儿。我觉得我已经没有活下去的理由，反而有着99个理由叫我去见大哥。

老师：你大哥对你那么好，他究竟是怎样的一个人？

"丫头"：我大哥身高一米八三，全身的肌肉一块一块，是个肌肉男。他笑起来那两个被称为"脸部肌肉组合缺陷"的酒窝特别迷人，像个娃娃脸。虽然他已经二十多，或三十多吧，我不知道他究竟几岁，反正我不在乎他几岁。我曾问过他哪天生日，想为他庆祝生日来着。可是他说他不知道，他爹妈没有告诉他。他爹妈很早就死了，所以他永远不知道他真实的出生日期。

大哥是个没爹没娘的孩子，所以他一直劝我要听父母的话，要孝敬父母。他好像有个爷爷在农村老家，我不清楚在哪个老家，这些年来他都没有回去过，只是他定期让他兄弟匿名给爷爷汇钱，不署他的名字，他不想让爷爷知道是他汇的钱。据说，那爷爷也不是他的亲爷爷，只是过去帮过他。

老师：你大哥是个知恩报德的好人。

"丫头"：是的，他对他的兄弟们也非常好。大哥去世了，那些兄弟个个哭得像我们女孩子那样。我从来没见过爷们儿也会这么伤心。大哥死后，我不知道这些日子是怎么度过的，也不知道自己活着还有什么意义，他把我的灵魂带走了。我满脑子想的就是怎样才能再见大哥。大哥的兄弟们见我这副失魂落魄的样子，担心我出事，没完成大哥让他们照顾好我的嘱托,所以他们几乎整天守着我。

还有一件事情就是大哥曾留下话,如果他不能照顾我了,那么我妈应该马上带我出国。我估计是有人传了什么"重话"给我妈,还给了我妈一大笔钱。我妈就马上给我办了出国旅游。那时我还未成年,她觉得让我一个人出国不太好,好像我大哥也对她说过什么要对我负责的话,所以她带我一起出来旅游,还给我办了留学,让我不要回国。

我知道我妈是不愿意出国的,可能她受了大哥的逼迫不得已才这么带我出国。我妈说,她的生活都让我给搅乱了,是我害得她必须离开,让她不得不丢下她那蓬勃发展的事业,阻断了她的光明前途。她怨恨现在这样整天陪着我这个不争气的女儿。我想,如果我死了,我妈就可以继续她的狗屁事业,找回她那光明前途,再也用不着为我这个让她丢脸丢尽的女儿烦心。

老师:你能否详细告诉我,你与你大哥究竟是怎么一回事?

"丫头":其实我早就想死,我的生命是我大哥捡来的,没有大哥,我已经不在这个世界上了。

我是个命苦的孩子。我从小就看到父母一直吵架,后来他俩离婚了。我妈说我爸是个窝囊废、笨蛋。我爸说我妈是雌老虎。我也搞不清楚他们究竟是什么。我爸没文化,没上过大学,只会打架。这点我像我爸。别看我瘦小,在学校里打架我是出名的。我不像我妈读书那么优秀,斯斯文文,装模作样,但老被人家欺负。听说,我爸算是英雄救美,可他们根本不是一路人,他们离婚是理所当然,不离才

你，会回来吗？
——心理治疗师与你对话生死

怪呢。离婚后，我妈去读研究生，边工作，边读书，没时间管我，就让我在姥姥家待了几年。那几年是我最开心的日子。家里没有吵架，姥姥不管我读书不读书，她只管做好吃的给我吃。后来姥姥病了，妈就把我接去省城。很不幸，姥姥不久就去世了。自姥姥生病到她病危，我都没去看过她，她死后，我也没上坟拜过她。我很不孝。我想去的，但是妈妈没让我去。

在省城，我与我妈住一起，但我基本上见不到她。我妈眼里只有工作、学习、再工作、再学习，然后拼命挣钱。她把我交给保姆。保姆不给我做好吃的，她只管看连续剧。没辙，我只能经常到外面买东西吃。家里电视保姆霸着，我就与同学去看电影，去网吧玩游戏。玩累了，第二天就不上学。

我妈无法忍受我这种放荡不羁的行为，就送我去私立寄宿学校。那种学校更可恶，都是些考不上好学校的学生挤在一起，比吃比穿，比谁家钱多。女生们整天为衣服、化妆品等破玩意争吵不休，可读起书来就是黄鱼脑袋，空空如也。我考试考得好，她们就不停地讽刺我，挤兑我。我可不是好惹的，我爸的遗传基因起作用，摔东西、推人、打架、拉头发这些事我都干过，不过全是自我防卫，都是她们先招惹我后才回报的。

我不会阿谀奉承，我妈也不会送礼拍马屁，结果受罚的当然是我。我犯错后，老师就让我妈接我回家悔过自新。我妈接了两三次就受不了了，一直叨唠数落我。

学校那帮娇滴滴的小娘儿们不是省油的灯，常与臭小子们联合起来作弄我。我当然要报复。在那学校,不存在"公正"二字,老师偏听偏信,又打电话让我妈接我回家。我妈对老师说她工作忙,没法接我,让我在学校受罚。老师就让我停课在食堂打扫卫生。那帮混蛋就拼命把饭菜倒在地上,把汤洒在我裤子上,甚至在我的饭菜里吐吐沫,然后疯狂大笑。我倍受侮辱,觉得我一个小女子,实在斗不过他们一大帮人,只能躲开。

我溜出学校,回家"偷"了我妈一些钱,背了一个背包,就离家出走。

老师:那年你多大?

"丫头":我第一次离家出走是读初二的时候,13岁。那次我买了长途汽车票来到另一个城市,整天乱逛,累了就去网吧。不久钱就用完了。我跟网吧老板说,我帮他打扫网吧,求他让我晚上能躺在网吧的凳子上睡。他同意了。可是睡在那硬邦邦的凳子上,没盖的东西,我衣服带得少,晚上冷极了。我吃不好,睡不好,全身发软,头痛欲裂,我知道我病了。

生病的时候,我特别想家,想爸爸妈妈。我把我妈给我的高级手表给网吧老板,换了几十块钱买了车票回家。

我一直以为我妈为了我的"失踪"会痛哭流涕,报警到处寻找。我曾晕晕乎乎地幻想着我妈见我回家后的欢喜,带我去吃好吃的,怕我再走失就抱着我睡觉。可是,这一切都是幻觉。打开家门,屋里漆黑一片,唯有书桌上的留言机的红灯在闪亮。我按下留言键,听到我妈给我的留言,她因紧急业务出国两周。

她压根儿不知道我的离家出走！她也不知道我病得要死。那种失望，或者说是那种绝望，其他人是不会理解的。

我一个人在家养病。在我妈回家前夕，我又出走了。我带了家里所有现金，还把我妈的珍珠项链和金耳环等都挂上，今后需要时可以换钱。我给我妈留了条，告诉她我去朋友家住几天就回来，不要找我，免得闹出麻烦名声不好听。我妈不在乎我死活，但她在乎名声，我这么说可以让她放心，不会去惊动警察来找我回家。

我这样出走过好几次。我妈气疯了，不停地骂呀、咒呀、哭呀，闹死闹活。可我一点不动心，情绪特别平稳，一声不出，就像在看一个人在演戏。

后来，我妈就不再留现金在家里，银行卡也都锁了起来，没什么值钱的东西可以拿了。

我在家已经没有意义。我继续外出。

有一天晚上，我睡在火车站。有几个大约十五六岁，穿着还算整齐的男生推我，说那儿有个会议室有沙发，可以去那里睡。我没睡醒就懵懵懂懂地跟他们走去。走到一个偏僻的房间，他们一把将我推进去，反锁上门。我一下子醒来，看到他们的神色就知道不对劲。可是，我一个人，他们共有四个人，根本没法逃！他们轻而易举地抓住我，疯狂地轮奸了我！我疼痛不堪，几乎晕厥。在我惊愕悲痛之时，他们早已逃之夭夭。

我惊恐万分，痛苦不堪。漆黑的夜里，人们也看不清我那被撕烂的衣服和悲哀的面容。我颤颤巍巍地回到家，我妈刚到家不久，正在换衣服。我一头倒进我妈怀里号啕大哭。我妈的第一反应是将我推开:"瞧你这样子,别把我衣服弄脏!"

我一下子感到心口冰凉冰凉,重重地瘫倒在地,眼泪哗哗直流。我估计我妈见我倒地那么响,吓着了,也可能看到了我的落魄,知道我出事了。

她把我拖上床,给我洗脸擦身换衣服。她看到了我裤子上的血迹,她自然明白是怎么回事。

我很享受她为我做的这一切,她的手是那么地温暖柔软。她的眼泪汪汪地滴在我脸上,她又用毛巾慢慢地把它擦去。

慢慢地,我睡着了。

有人轻轻将我推醒,睁眼看见我妈端了一碗八宝粥到床边,她叫我喝下。我喝了,暖暖的、甜甜的。这是我一辈子忘不了的我妈对我最好的那个时刻。她多慈祥温柔呀!

可是这幸福时刻维持得太短了。

我刚喝完粥,她就一本正经地问:"谁干的?"

"我不认识。"

"那怎么把你干了?"

"我没钱,就睡在车站。那几个男生叫我去会议室睡,我就跟他们过去了。我哪知道他们是畜生。"

"不认识的男人都会跟着他们走,你没脑子啊?想男人啦?贱货!"

我愣住了。这是那个刚才还关怀备至的妈妈吗?

她气鼓鼓地把刚喝了粥的碗筷叮叮咚咚地丢进厨房水池,嘴里

你，会回来吗？
——心理治疗师与你对话生死

继续恶狠狠地咒骂着："肮脏透顶！你将来怎么做人？不是一个，是4个男人哪！要是染上艾滋或性病怎么办？要是怀孕又怎么办？天哪？咱家遭了什么孽，居然会出这种丑事，要是给人家知道了，你叫我怎么做人？丢脸丢尽了！"

我不明白，我受了那么大的伤害，她居然没有起码的怜悯之心！她只想到她自己，我让她丢了脸，没了面子。她的面子比我的伤害更重要吗？我怀疑我究竟是不是她的女儿？她在我受伤的心上撒了厚厚的一层盐。我的心痛比被强奸还要痛。但我欲哭无泪，只是呆呆地躺在床上，头脑重得抬不起来。

我听见她在梳洗，不一会她穿着整齐，还淡淡地化了妆，穿上高跟鞋，一脸无事的样子要出门。

"锅里还有粥，好好睡在家里，不准出去！"她看也不看我一眼，就这么喊叫几声，重重关上房门，扭头就走。

世上有这样的母亲吗？

突然，我觉得我是她的罪孽，我害了她，我是多余的。我活着只有麻烦，那为什么留在这个世界上？在这世界，没有人在乎我。我是一个"贱货"，我有必要死皮赖脸地活着给她丢面子吗？

艾滋？性病？怀孕？太可怕了！谢谢她提醒了我，我无法承受那些恐怖事件。

怎么办？我头痛欲绝，耳里轰鸣作响：去死！去死，一死百了！没了我这个贱货，没人给她丢面子，她可以无牵无挂地干她的事业了。

这么一想，顿觉轻松，头也不痛了。

窗外阳光灿烂,我的心情也好了起来。我起床洗个澡,洗了很久很久,尽管下身隐隐作痛,但我不在意,只想将自己洗得干干净净后去见阎王。

我穿上我最喜欢的漂亮衣服,一条蓝色小花裙子,上身一件短短的白色小外套。我拿我妈的高级化妆品将自己也装饰一番。看着镜子里的我,一点受伤害的影子都没有了,精神飒爽。没想到"死"也能将人变得如此神采奕奕。

临走前,我在妈的书桌上给她留了一张纸条:

"妈,我走了。你也不必再为我操心,你的世界该太平了,我不会再给你增添麻烦。这应该是最好的选择。"我在最后署名:你的不争气的贱女儿。

写完没有伤感,只觉得轻松。突然觉得肚子饿,好久没有饱饱地吃过一顿饭,那碗暖暖的八宝粥早已消化完毕。别想八宝粥,那是幻觉、错觉,再也不会有了,千万别让一时的假象动摇我赴死的决心。

我想,我应该好好款待自己,吃饱了再死。我曾经听说过我家附近有个高级餐馆,里面的东西特好吃,只是我没钱,从没进去过,我想死前应该去尝一下鲜。

没钱?管他呢,反正要死,随他们怎么办,我吃饱了再说。但是一个人进大饭店吃饭有点怪,店里可能会查问,应该约个人一起去。但是我没有朋友。忽然想起那个邻居小胖子,我以前的同学,她好吃懒做,经常不上学,把她叫上,那我就能多点几个菜,多尝几个味。

胖子果然在家。我让她穿上最漂亮的衣服去最高级的饭店吃饭。胖子听到有好东西吃,二话不问,连滚带爬地赶了过来。

我踏出了这个被称为"家"的地方,没有丝毫留恋。穿上大皮靴,看着镜子里的自己,觉得还满意。我对镜子里的自己说了声"Bye-Bye"。

我和胖子大摇大摆地进了大饭店。我是见过世面的人,装模作样地斯文,尽量表现得文雅、阔气、可爱。我一下子就把服务员蒙住,他们以为来了个阔小姐。我点了很多菜,服务员还问你们俩能吃这么多吗?我嗲里嗲气地说:"请好朋友吃饭,她很爱吃,那就多点一些,剩下的她可以打包带回去呀!"我嘻嘻一笑,那服务员忙点头,那头摇得像拨浪鼓。胖子也乐得合不拢嘴。

一大桌菜,我俩一辈子都没有这么吃过,那才叫痛快!我们有吃有笑,不知道吃了多久,吃到肚子撑得坐不住了,我俩才站起来,摇摇晃晃地往外走。

"小姐,你还没有结账呢?"那个傻子服务员拿着放账单的盘子追了过来。

"啊呀,忘了带钱包了。能记一下我名字,我明天来还吗?"

"不行。"

"那我回去拿,一会儿送来?"

"不行。我们这儿规定一定要结了账才能走。"

"那怎么办?"

"打电话请家人或朋友送过来就行了。"

"胖子,你先走。我来解决。"胖子赶紧一股脑儿地溜了,连个

"谢"字都没有。

"我没钱,你想怎么办?"我一屁股坐下,露出一副无所谓的样子。

"你们这些年轻人怎么有脸出来吃霸王餐!没钱就别吃!白天不去上学,在外面骗吃,孬种!"

突然,一个高高帅帅、西装革履的小伙子走了过来,在账单盘里丢下一大把钱,"嘴巴干净点!欺侮小女孩,小心我告你们老板!"他丢下那句话,拉起我就往外走。那服务员傻呆了。

"吃不了那么多钱,快去要回那多余的钱。"

帅哥没有理我,拉着我就往大街上走。几个小伙子随在他身后。我想我运气好,死前饱饱撮一顿,还有大老板给我付账。

"你家在哪?我送你回去。"

"没家。"

"跟爹妈赌气啦?行,我带你去散散心。想去哪?"

"去哪都行,就是不要送我回家。再说我也没家。"

"好吧,上车吧!"

帅哥将我带到一辆黑色大奔前,那几个跟在后面的人连忙打开后车位的门,恭恭敬敬地请我坐进去。

"坐前面吧。"帅哥打开司机旁边位置的车门,优雅地做了个请我上车的样子。

脑子里突然蹦出了我妈骂的"贱货"两字,想起自己这个不要脸的东西,不认识的男人都会跟着他们走。不过我马上想起自己的决定,反正要死,艾滋、性病、怀孕管它干嘛?现在吃撑了,就想出去走走。再说,这个神气的帅哥陪着我,似有神魂颠倒的感觉。

我上了车,帅哥帮我关上车门。他自己坐到驾驶位上,挥挥手让那几个与他在一起的男人们走开,他自己开车带着我一下子驶出城区,开到一个湖边小路。那儿风景优美,尽管离我家仅十来分钟的路程,可我从来没有到过这地方。我心情越来越好,觉得自己真的像个阔小姐,由司机开车在外兜风。

帅哥开车特稳。他一直没有说话,也不盘问,我很自在。

"想听音乐吗?"帅哥问。

"好。"我很开心,冲着他笑笑,他也回眸一笑。我看见他脸上有两个小酒窝,特别可爱。

"你知道吗,脸上的酒窝是肌肉没有发育妥当的缘故,尽管好看,但是仍属于残缺的表现。我们生物老师就是这么说的。"我想都没想就说了出来。话毕,自己觉得不妥当,人家帮我付了饭钱,还带我出来玩,怎么能说这种令人不愉快的话呢。我赶紧向他道歉,忙解释自己没有恶意,只是想起了老师说的话,其实这两酒窝在他脸上显得很特别,还会让人觉得他很帅。我马上溜须拍马奉承一下。

他一点没有生气,仍专心开车,淡淡地回了一句:"让我长知识了,谢谢。"

车开到湖边小亭边停了下来。我不知道要干什么,静静坐着。他下了车,帮我打开车门:"丫头,下来吧,这儿清静,出来走走。"

这是我第一次听到"丫头"两字,震惊了一下,这名称似乎是我与生俱来就有的,如此亲切、如此熟悉、如此自然,虽然从来没有人这么称呼过我。这是第一次。我顿时觉得我好像变了一个人似的,我不再是以前的我,我就是那帅哥嘴里叫的那个"丫头"。我听后特别激动,笑着冲着他说:"丫头,是呀,我就是丫头。你怎么知道?"他笑而不语。

我俩沿着湖边晃悠着,走了好一阵我才发现跟他一起从饭店出来的人一直远远地跟在我们后面,一共三人。我们在前面走,他仨也在后面慢慢溜达着。

帅哥话不多,我只记得他说了些湖水被污染的事,碧绿的湖水现在成了黑褐色,蒸发着怪怪的臭气。

天色很快转暗,帅哥带着我往回走。当我们靠近那三个尾随我们的男人时,他叫他们先回去,说他送我回家后自己回去。

"是,大哥。"那三人齐声答道。

我第一次听到他们叫他"大哥",同样感到无比亲切,这声"大哥"好像我已经叫了一辈子似的。

我们又上了车。大哥问我家在哪里?

"我没家。"我发现跟着大哥逛了一下午,竟然忘了我的自杀计划。但是,我清楚我不能回家。

"在哪条街?大概靠近哪个路口?"他好像没有听到我的回答似的,直截了当地问着。

我犹豫着。

大哥继续开着车。不久在一个小饭店门口停下,"进去吃碗面吧。小姑娘中午居然能吃那么多东西,怎么没把你们的胃撑炸了?

你，会回来吗？
——心理治疗师与你对话生死

那些菜我们四个大男人都吃不了呀？一开始我就觉得奇怪了，这俩丫头是哪路神仙呀，居然有那么大的胃口。好吧，我们晚上就吃些好消化的面条。"大哥笑起来，那酒窝实在迷人。

"我们很奇怪吗？你哪知道我们饿了很久耶。"我马上将话卡住，我不想在很高兴的时候说那些扫兴的事。

小饭店的面条筋道滑溜，味道鲜美极了。大哥见我吃得津津有味，一大碗面条很快吞了进去，觉得很好笑，一直说真佩服我这个丫头有这么好的胃口。

他每次都是这样风度翩翩地帮我拉开车门，让我进车后，关上车门，自己才上车发动车子。我就像个大老板似的，特别得意。

"吃饱了吧？晚上好好睡一觉，明天早上我接你去吃早点，那里的味道肯定比今天的更鲜美。"

"好呀，在哪？"那一刻，那自杀计划压根儿从我的头脑里滚了出去，我也忘了不再回家的誓言。

"就在这城里。"他没说到哪儿去吃早餐，静静地开着车。我琢磨着明早该吃哪种早餐，中式或西式？去饭店还是在小街上买了吃？我想入非非。

"几点来接你？"

我正在胡思乱想的时候，大哥突然一问，打断了我的思绪，我愣住了，不知如何回答。就在那一刻，我那计划冲进我脑袋。我犹豫着去吃早点，还是去死？一瞬间我就做了决定：先享受几天好吃好玩的，然后再死吧。

我答应了大哥让他第二天来接我。我说出了我家的地址。

到家了。他帮我开了车门，但他堵在车门前，没让开。

"你记数字的能力怎样？"

"啊？什么？"

"给你个数字，不抄下，能记住吗？"

"那太容易啦，我记忆力特强，我妈的遗传基因，这不像我爸。我根本不用功，但考试成绩从来都是前几名，全归功于我超强的记忆力。尤其是看东西，过目不忘。"我得意地自夸着，说完后，有点不好意思。这时看见大哥走回他的驾驶座位。糟了，大哥鄙视我这个骄傲自满的人，我这么想着。这时我看见大哥在车里拿了一张小纸片，在上面写字，然后又走到我这边的车门前站着，将小纸片举到我眼前。

"看到了吗？11个数字？"

"看到了。电话号码？"

"记住了吗？过目不忘！"

我大声地重复一遍。我从来用不着写电话号码，我妈的、学校的、我打过的电话号码全在我脑子里，当然总共也没打过几个电话。其实不用记，看后它们自己就印刻在脑里了。

第11个数字刚说完，大哥就从裤兜里掏出打火机，点火，将那纸片点燃，一直到纸片烧尽，火苗要烧到手指时，才将几乎烧尽的黑色纸片向天上一挥，黑纸片慢慢上升，散开，然后在空中飘移。

我傻傻地盯着残灰看着，残灰也能这么跳舞！

你，会回来吗？
——心理治疗师与你对话生死

"再背一遍！"

"啊？哦，××××××××××。"我大声背了一遍。

"永远不要把它写在任何地方，也不要告诉任何人。回家吧！"

我大声地喊着："谢——谢——大——哥！"

他的酒窝又憋了进去，真是帅呆了！他对我挥挥手，说了声"明早9点来接你"，启动车子，走了。

家里没人。打开灯，桌子上的纸条还在，妈没回来过。我一把抓起纸条，揉成一团，准备丢到马桶，忽然一转念，我走到厨房，取出火柴，把纸条点燃，火苗马上冲上来，烫到手指，燃烧的纸条掉地，一会儿就熄灭了，留下半张残纸，半边焦黄，完全见不到飞舞的黑色纸片。

夜深人静，早早躺在床上。原以为自己经历了那么多，会为人生的酸甜苦辣闹得睡不着觉，谁知道自己居然睡得好像死猪似的，一直睡到阳光穿过窗帘的缝隙照射到床上。我转头一看，我妈又是一宿未归，有点难受，如果我自杀死了，我妈到现在还不知道。

我赶紧起床梳洗，"大哥要请吃早点"的约定让我兴奋异常，压掉了其他杂念。我挑了半天也不知道哪件衣服漂亮。人家大哥穿得那么神气，我走在他边上总不能给他丢脸吧？

我没有什么好衣服，我认为最漂亮的衣服昨天已经穿过，我没其他好看的服装了。我妈没时间陪我去买衣服，我自己也不太会挑选，所以一直穿校服，反正我从不在意穿着。

不知怎的，要跟大哥出去，我会想到穿好看衣服。我把我妈衣橱里的衣服都抖出来，挑出几件鲜艳不老陈的裙子试穿着，几乎都不合适。我比我妈瘦多了。那些裙子一穿上去就往下掉,看得出来是别人的。

最后决定穿上私校的那套裙服,因为没有其他好衣服了,相比那几套运动装,还是校服比较合身,好看一点点。

大哥早就在门口等我了,见我出来,他马上笑容满面:"私校学生?"

"曾经是。"我正疑惑着如何向大哥解释不上学的事,谁知他根本就没有盘问的意思。

我很欣赏大哥的作风,他从来不会刨根究底地询问我的事,同样,我也不去管他的事。不过,我比较直爽,他不过问我的事情,倒是我自己会滔滔不绝地向他诉说我的喜怒哀乐。有时,我真担心他会嫌我烦,恨我唠叨,怨我孩子气,说我不懂事。但他没有。他从来不会对我发火,总是耐心地听我絮絮叨叨,他是个极好的聆听者。为什么我爸妈就不能静下来听听我的心里话呢?

认识大哥没几天,我忍不住把我的遭遇倾盘倒出,我告诉大哥我父母离婚的事,我离家出走的事,甚至我被强奸的事都说给他听了。我说出了我自杀的想法。他只是轻轻地揉着我,任我哭泣,没有一句你应该如何,不应该如何,没有,从来没有审判过我!

我坦言相告,那天与胖子原本就是准备去吃霸王餐的,吃饱了去死。

大哥"噗"地笑了起来。

"我想自杀你还笑?"

"我想你这丫头也够馋的,死前还能吃那么多。看来我也值了,那点钱还救了漂亮丫头一条小命。"

我也忍不住笑了起来,挂着眼泪,又哭又笑,觉得自己很傻,不过心里很温暖。

在与大哥交往的早期,我很好奇他怎么会有那么多钱?他的家在哪里?他的公司是干什么的?他的办公室在哪儿?他的老板桌有多大?大哥对我说,你没有必要知道,知道了对你没有好处。从此之后,我不再过问大哥的任何事情。我只要能陪在大哥身边就可以了。

大哥好像不用上班似的,一直陪我出去玩,吃好吃喝。过了一阵,我不知不觉地打消了自己的自杀计划,与大哥在一起,真的非常快乐、幸福。

大哥死后,我才从大哥的兄弟们那儿得知,在初识大哥的那些日子里,大哥特别担心我的安全。当他知道我有自杀想法后,尽管表面装得若无其事,实际上非常担心我会出事。只要他不在我身边时,他就让他的兄弟们远远地守着我,怕我去跳桥,怕我去撞火车,因为我与大哥提过我的这些自杀计划。那些兄弟还告诉我,为了我,在那些日子里大哥什么事都停下了,不干活、不开会,专门陪我玩。

老师,你说说,我是不是没有良心?大哥为我付出那么多,那时我还一直笑话他是个游手好闲的人、无所作为的人、贪吃懒做的人。所以,我要去见大哥,我要好好谢谢他,跟他说声对不起,我冤枉他了。这是我自杀的 99 个理由之一。

老师:想来你大哥不会对你的误解怨恨在心。他带你吃,带你玩,是帮你摆脱自杀的念头,是救你的命。他怎么会在意你的那些言论呢?你设想一下,如果你大哥知道你现在为了要对他说声"对不起"而自杀,你大哥会愿意吗?

"丫头":嗯,他当然不会愿意。他一定会说我傻。只是,我自杀的理由并非这一点。你要知道,大哥一走,我成了孤单单的一个人,我承受不了这种孤独,我要去找大哥。

相　　伴

老师:你说,你大哥去世后,你的那份孤独感将你推向无底深渊。没有大哥的日子你活不下去,你准备自杀,你想死后能与大哥相聚,是吗?

"丫头":是。

老师:我想知道你与大哥相识后,你俩有没有分开过?如果你们因为某种原因需要分开一段时间的话,你大哥怎样帮你消除孤独与寂寞?

"丫头":我们刚相识后的那十来天,几乎每天早上大哥都会来接我出去玩,晚上送我回家。他经常开车带我去郊外比较僻静的地方走路,爬山,很少去逛街,估计男人都不喜欢上街买东西。

如果在城里的话,我们除了上馆子外,大哥爱去的地方就是书店。每次大哥走进书店,很快就沉浸在书堆里,一看就几小时,把我晾在一边,直到我肚子饿得咕咕叫,催促他吃饭,他才会不停抱歉自已忘了时间,赶紧带我去吃饭。

我是第一次从他的口中知道,世界上最有价值的事情是与伟人对话。大哥说,看书,就是与各个伟人对话,听他们谈论各种了不起的事,然后自己再思考,心中默默地与伟人说说。我们这种凡人不容易当面见到伟人,看书就是最自由、最有价值的听伟人教诲的方式。所以,他喜欢读书,读了几小时,觉得只过了几秒钟。我赶紧接过话茬,说我与他在一起也是最有价值的听伟人教诲。他听后说了句"你这丫头嘴巴还挺伶俐",那脸上的酒窝又再显现。

大哥时常会提起他很想上学,正儿八经地坐在教室里学点东西,长点知识,当个有学问的人。他说,他儿时就没了爹妈,家里很穷很穷,没法读书。在小城流浪时,他只能在垃圾堆里找一些人家丢弃的书来看。那时很多字都不认识,很傻。过了很久才弄到一本词典,从那词典到手之后,日子就好过多了,词典一查,书里说啥都能明白。

"图书馆各种词典字典都有,为啥不去查呢?"

"傻丫头,我哪来图书证呀?自己有词典更方便,随时能查。"

在书店里,大哥什么类型的书都看,天文地理,政治经济,还看菜谱呢。我说你又不做饭,看什么菜谱?大哥答道:"如果将来自己有个家,有个好炉灶,我一定是个好大厨。"

"哪有啥难的,你买个炉灶就行了,我想尝尝你这个冒牌大厨的水平究竟怎样?"

"等着吧,丫头。"他将手臂搭在我肩上,他1米83的大个,我才1米58,他总喜欢把他的长手臂搭在我的肩上,时不时地收紧一下,夹得我喘气都困难,只能哇哇乱叫。这不,说他是冒牌大厨,他又把我的脖子夹紧了。

有两个大学都在城外,我们经过那儿好几次,停在校门外休息。后来我才明白那是他特意往那里开的。我们在车里看着大学生们出出进进。他说:"等你以后放学了,我到这儿接你回家。"

我决定重返学校,我要做个大哥所喜欢的那种有文化、有修养的女孩。

当我告诉我妈我要上学时,我妈惊讶得连眼珠都要从眼眶里爆出来了。当然,我妈心里确实是很高兴的。唯有读书高么,我妈就信这条。从小到大,她关心的就是我的读书,其他都不重要。我辍学,将她的脸面丢尽。现在听到我自己提出要上学,对她来讲真是太阳从西边出来。她得赶紧抓住这不知何处冒出的天赐良机,把我尽快送回学校。

我妈特地请假帮我去学校报名,这是她难得为女儿做的好事。我心里并不认为她在帮我,我觉得她只是为了她的面子而赶紧把我送去学校,我只是不想多说罢了。

我曾对大哥说起我妈的假惺惺,大哥听后又使劲地用手臂夹我脖子,大骂我"没良心"。

我妈跑了好多学校,谁知那时所有公立学校的初三班都不收插班生,因为担心升学率。我妈又去了一些私校,总算有所私校收了点捐赠后愿意给我一个机会,条件是我必须通过他们初三水平的模拟考。

当时我不愿意去考。我只读过初二,怎么能考初三的内容呢?何况准备时间只有一周。我妈急了,又吼又叫。看她那副样子,我更不想上了。

大哥不知从哪里搞到一大堆初三的试题让我做。凡是我卡住做不出的,他一点一点地给我解释,说得清晰明了,比任何老师讲得都好。我问他:"你当过初三老师?数理化都会?"

"鬼丫头,我小学都没有读完,当啥老师?损我!"

大哥的辅导方法特好,他完全可以给初升高的学生当辅导老师,当然,要有机会就好了。

在大哥的帮助下,我居然通过了模拟考,进入学校初三读书。

我记得我得到消息可以进校读书那天,大哥请我在高级饭店大吃一顿。他的喜悦不知胜过我多少倍。

在私校里,我特别不习惯那里的管教制度,我们就像劳改犯一样。我也不习惯同学们那份装腔作势的样子,一个个够笨的。老师上课讲了半天,那帮豆腐渣脑袋还是听不懂;那些我大哥闭着眼睛都会做的题目,他们居然几小时也琢磨不出来。一拨没救的人儿。不过,要他们出歪点子馊主意,个个就像巫婆妖魔似的,怎样恶,怎样坏,就怎样整人。

我本是插班生,虽然与同学们一起寄宿在学校,可我与谁都亲热不起来。我上我的课,作业我完成,考试我参加,下课能溜出去就溜,逃学旷课是常有的事。要罚就罚,要骂就骂,我从不在乎。但是,不管怎样,我成绩一直是名列前茅。老师拿我没办法,学校也不想开除我,至少我还能为他们提高几分总成绩。

对我来讲,日子不会一直太平无事的。有一天,老师把我叫去,说有人举报我考试作弊,抄书来着。我急了,这完全是捏造!无中生有!是陷害!我在教师办公室里大吵大闹,要他们拿出证据说明哪题哪字是抄的?那老师也没办法,只说是我同宿舍的人看见的。那好,我知道了造谣者和害人精,哪能轻易饶过他们,我历来不是好惹的。我回到宿舍大闹天宫,把他们的被子呀、书呀、衣服呀全扔地上,弄得脏脏的,但没损坏物品,免得我赔。

这下气坏了千金小姐们。她们派了一个狗腿子来叫我去草坪见面。我从五楼的宿舍往外一看,发现一堆高年级的男生也拥挤在草坪的一角,与我同宿舍的女生们叽叽喳喳缠在一起。

不好,他们叫救兵了!

我也要叫救兵!我马上给大哥打电话,请他立马来救我,那帮兔崽子要收拾我啦!

就几分钟,我看见大哥的车队来了,大奔、宝马……十几个壮小伙子一溜的黑西服,戴着墨镜,真有点像意大利黑手党,抬头挺胸,浩浩荡荡地大步走进校门,看门的大爷根本拦不住他们。

我立刻从宿舍冲下去,飞跑到大门前的草坪前,一眼看见帅气的大哥走在第一个。我一头撞进大哥怀里,大哥紧紧揉着我。站在草坪上的小姐都傻眼了,她们那份凶神恶煞的样子荡然无存。那伙呆乎乎的男生也老老实实地看着,一动不动。

"丫头,咱们走。"大哥的手臂始终紧紧地揉着我,没有松开。他回头大声补了一句:"大家好好学习,别惹我家丫头!"

我们一行人雄赳赳气昂昂地离开了校园。

那天的情景我永远忘不了。我有大哥保护,多神气呀!多骄傲呀!我彻底胜利了!从那以后,学校里的人哪敢再挑衅我,欺负我?

但是我想错了。那些同学虽不敢明目张胆地骚扰我,暗地里阴谋不断。今天在我的鞋里塞面条,明天在我枕头上放毛毛虫。在教室、在食堂、在操场,没人理我,我始终是孤单单的一个人。

因为我有大哥,就算在学校没有一个朋友,我人孤单,心不孤独。

星期五下午一放学,我看见大哥的车已经停在校门口等我。大哥带我去了很远的小山坡上看日落。他从车里拿出许多好吃好喝的,晚餐就在山坡上吃了。大哥不喜欢人多的地方。

我大口大口地吃牛肉干、鱼片、蛋糕,喝着可乐,滔滔不绝地讲着学校里的事情。他静静听着,没吃点心,也没说话,嘴里咬着一根长长的茅草,茅草随着他嘴唇的摆动而摇晃。

当我嘴里塞满东西没法说话时,他转过脸来,吐出茅草,毫无表情地、慢吞吞地说了一句:"丫头,我要外出几天,你能好好照顾自己吗?"

我愣住了,我从没想过大哥会离开我。虽然我住读,但我三天两头溜出去见大哥,没感觉大哥不在我身边。大哥这么一说,我估计事情比较严重,嘴里的东西立马咽下,几乎噎着。

"去哪?去多久?"

"很远。可能几天就回来,也可能要很久很久才回来。"

"怎么做事没计划呀？该几天就几天么！"

"计划没有变化快，要随机应变。你丫头能力还强，其他我不担心，只是你脾气不好，没有自己的好朋友，独来独往，社交能力差点，让人不放心。瞧我们一大帮兄弟，有福同享，有难同当，多好。"

"我有你这个朋友就够了。"

"不可以，你要有自己的小伙伴。"

"没有伴，我找不着。就是你了，把你锁住，不要离开我。"

那天大哥没有直接回答我的问话，也没有继续谈他要外出的事。不过我看出他心思沉沉。

我俩躺在小山坡上，我枕在他胸前，看着太阳慢慢落下。万里无云。天空不断变着颜色，粉红、橙色、暗红、转灰，慢慢变黑。远处的灯火越来越亮。

大哥突然问我："有人打赌说，如果背着山坡一直往东走，绕地球一圈，如果80天能回来，那就赢了。结果那人一直向东走，走了80天，还差一天没回到出发点。"

"输啦！"

"不，他后来赢了。"

"为什么？"

"你去图书馆借那本儒勒·凡尔纳的《八十天环游地球》看看，你就能知道答案。"

"好，我去借。"

在大哥的影响下，没几天我就把儒勒·凡尔纳写的《八十天环游地球》《神秘岛》《格兰特船长的儿女》《海底两万里》《地心游记》等全都看完。看得我脑洞顿开,爱不释手。

大哥外出没几天就回来了,当我迫不及待地把我所看的书都讲给他听时,他笑得脸上那两酒窝憋着好长时间都抬不起来。都说女孩有酒窝漂亮,为什么男孩的酒窝也会那么迷人?

"你很厉害,我外出没几天,你就找到伴了?"大哥笑眯眯地说。

"我哪有什么伴?"

大哥收起笑容,一脸严肃地说:"书是我们最好的伙伴,如果你不丢开它,它就一直陪伴着你。它告诉你世界上各种各样你所不知道的事情,虽然短时间内你不一定能体会,但今后会明白的。你瞧,有了书,你不孤独寂寞了吧?"

"哪里?我天天等你、想你,度日如年。"我嘴上这么硬,其实我从那时起,已经明白了大哥的含义,如果我没有其他朋友,可以让书来做我的伴。

大哥告诉我,那些世界名著确实是经久不衰,多少年过去了,时代都不一样了,但是那些名著仍然引人入胜,激荡人心。他说,女孩子可以看看《茶花女》《德伯家的苔丝》《安娜·卡列尼娜》《红与黑》《傲慢与偏见》等一大堆。还说男孩子可看看《战争与和平》《牛虻》《哈姆雷特》《约翰·克里斯朵夫》。

"怎么都是西方的书,你不看中国书呀?不爱国!"

"别扣帽子,这种说话习惯很不好。中国也有很多好书,《红楼梦》《水浒》《三国演义》《西游记》都是必看的。等你长大,还要看看中国和西方的哲学书。"

在随后的日子里,我几乎没了与同学闹纠纷的时间,也没了认真做作业的时间,甚至在课堂上我都偷偷地看书。好多书的情节扣人,越看越爱不释手。当然许多书我只是快快看个情节,并不了解其中的含义。我看书的主要目的是不能让自己再是个无知的傻丫头,我要知道一些大哥感兴趣的事,要能与大哥探讨书里的内容。

说心里话,读书确实能帮我打发时间,尤其在无所事事的时候。不过,看书时情绪也不能太差,否则我根本看不进去。在大哥引导我读书的初期,我真的一股脑儿地陷进世界名著之中,那些故事情节让我又哭又急。我曾与大哥争执了好久,为什么德伯家的苔丝被人强奸了,她老公不能原谅她,而她老公自身也不是个好人,也与别的女人发生过关系。他有什么权利责备苔丝?这太不公平了!

大哥也跟我谈起《红与黑》中的于连,一心想往上流社会爬,结果很悲惨。

我们谈论书里的人物,自然而然会跟自己联系起来,我哭书里的人物,还不如说哭我自己。大哥谈书中的人物,何尝也不是嘲弄自己呢?

我看名著还有一个很大的动力是我要长点知识,丰富一下头脑,那样才能与大哥对话。当同学们津津有味地看韩剧、日本动漫时,我把大哥所提到的那些名著都看完了。

像我这种读书动机不纯的人,很容易受外界的诱惑,渐渐地我懒得去找书看。当大哥不在我身边时,我总觉得百无聊赖。有一次大

你，会回来吗？
—— 心理治疗师与你对话生死

哥说他很忙，不会来找我。我感到特别寂寞，我就溜出学校到大街上的网吧打游戏，玩一种赌博性的游戏。大哥的耳目真的很厉害，就在我玩得兴高采烈的时候，突然有人拉着我的衣服将我往外拖。我一看是大哥，就嬉皮笑脸地叫他放下我，我马上要赢了，不能停。但大哥不由分说地把我往他的车里塞。一踩油门就驶出城区。我非常生气，一路不说话，大哥也沉默。不久，车子在一个偏僻的地方停下。他递给我一瓶水，自己也咕咚咕咚地把半瓶水倒进肚里。

大哥以异常严肃的口吻一字一拍地说道："丫头，你好好给我记住，有四样东西你无论如何也不能碰：赌、卖淫、毒品和酗酒。"

"酒怎么也不能喝？过年过节过生日，哪有不喝酒的？"

"酗酒与喝酒是两码事，你懂吗？酗酒是借酒消愁，以酒来消除烦恼，不是好事，是笨蛋做的傻事。"

大哥接着说："不管人们怎么诱惑你，你得挺住，不能碰。不要以为一点点，没关系，就一次，小意思。一次都不可以，知道吗？"

"知道啦！"我以极大的嗓门喊起来，他都惊了一下，马上又恢复了他的老成。

一阵寂静。不知过了多久。我很不适应这种无声的、压抑的气氛，深深叹了一口气："伟大的爱因斯坦呀，你的相对论怎么说得不准呢？我不是度日如年，我现在是度秒如年呀！"

大哥"噗"地笑起来，"鬼丫头，我的话一定要记住，再难要自己挺，不能靠那些害人的东西！"

大哥把车背放下，躺在位子上，慢慢地跟我讲起心理学来。他说:"美国有位心理学家叫马斯洛,他讲人生有五大需求,首先是要有吃有穿有地方住,是吗?这是第一层需求。然后是希望生活安宁,太平无事,这是第二层安全的需求。这两层需求合起来叫基本需求,知道吗?等基本需求满足后,人们就会有更高的要求。你这丫头基本需求都满足了吧?有吃有穿有住,生活安定,啥都不愁,所以你就会产生第三层需求:归属感,要有社会交往的需求。有归属感后,再努力获得别人的尊重,这是第四层需求。当你获得大家的尊重后,你就要更努力地去实现自己的目标,这就是最高的自我实现的需求。丫头,你的需求在第几层呀?"

"你说我吃穿不愁,要追求归属感,那真是说对了,我就是要在你那儿归属。"

"傻丫头,你应该有自己的社交生活,有自己的好朋友。十几岁的孩子,应该有十几岁孩子的活力。你有那么好的条件,你想过将来你自己喜欢做什么吗?"

"不知道。"

"让你多看书,就是让你开开眼界,世界上那么多事情,你喜欢做什么呢?"

"没想过,没钱没势,想了也没用。哦,你想做什么?你有钱有势,有什么追求?"

"我锁在基本需求层,我能追求什么?"他轻轻地说着,最后几句话几乎听不清楚。他的脸色变了,不再言语。我也不知道自己说错了什么。

直到他死后我才明白他这话的含义。他能追求什么呢？他一直生活在动荡不定之中，正如他所言，他跳不出基本需求的层面。

好 人 坏 人

老师：你大哥怎么会跳不出基本需求层面呢？所谓基本需求是指人类为了吃、穿、居住和生活安定等最基本的生存而引发的需求。你说，你大哥有好车，有钱买这买那，生活好好的，怎么会为基本生存需求而苦恼呢？

"丫头"：我在大哥死后才知道一些他的痛苦，才明白他为什么说得不到人类的基本需求，因为他时时刻刻生活在不安全之中，他的命一直那么悬吊着，他哪有人生安全的基本需求？

老师：你说你大哥没有人身安全？这是什么意思？

"丫头"：我大哥命苦，可怜，一辈子没有亲人，命运对他非常残忍，真的，太残忍了。大哥是被人杀害的。他死了，我只想追随大哥而去，无论是上天堂还是下地狱，我想去陪他。

老师：为了更好地解答你的生死难题，你能告诉我你大哥人生最后的悲惨遭遇吗？我知道那是极其痛苦的回忆，你可以拒绝回答。

"丫头"：我不需要回忆。那情景历历在目，反复在我面前闪来闪去。那场面实在太痛苦，可我又挥之不去，消之不了。

人们说相爱的人心灵能相通，确是如此。那些天我莫名其妙地难受、焦虑、惶恐不安。我已经好几天没有见到大哥，打电话给他，他也不回。他告诉过我,他特别忙,让我管好自己,所以我没有继续骚扰他。

那是个阴冷的傍晚,我头痛、心慌、说不出的难受。我擅自离开学校回家,看校门的大爷挡住我不让走。我十分粗鲁地推开大爷,径直往家走。到家后,我什么也不想干,就那么躺在床上等天黑。

突然手机响了,一看是大哥的来电。"大哥,你忙完啦?你在哪?"

"我是二哥。你快披上大衣跟我走。快!"

二哥是我大哥的好兄弟,他就像大哥的贴身保镖、秘书、司机或保姆,反正就是与大哥特别铁的哥儿们。二哥那呼吸急促、紧张慌乱的声音,与他平时和声和气的说话声完全不一样。二哥拿了大哥的手机来找我,我知道事情不妙。我三步并作两步冲出家门,二哥快速发动汽车,不等我坐稳就急驶而去。

"大哥怎么啦?"

"见了就知道了。"他不再多说。

我的心紧紧揪着,全身发冷,手脚冰凉。我有着一种不祥的预兆:大哥出事了。我闭着眼不停地求菩萨、求上帝、求死去的姥姥姥爷保佑我大哥,求天下好心人都来保佑我大哥平安无事。

路途的十几分钟时间,我好像煎熬了好几年。终于,车停了,二哥没有言语,快速走进一间小农舍。我也赶紧跟在他后面。

我们走进一间灯光昏暗的小房间,一张大床上躺着一个人,头上裹着血糊糊的绑带,身上盖着被子。我一步冲过去,趴在他面前,失声大哭:"大哥,你怎么啦?"

二哥马上堵住我的嘴。我不敢出声了,尽量把哭声咽进去,只是全身控制不住地抽动。我后来才发现角落里还有两个兄弟守着,其中一个走到二哥身边,轻声对二哥说,医生马上就到。

我趴在床边,轻轻地伸进被窝去摸着大哥的手,只感觉那手上黏黏糊糊。我把自己的手抽出一看,满手鲜血。

"怎么办呀,二哥,快救救我大哥。"

一会儿有人进来了,二哥拖着我就走。二哥把我推到他身后,右手压着我脊背,将我的脸死死靠在他的大衣后背上,不让其他人看到我的脸。一出大门,二哥又把我塞进车子,快速离开那里。

车开出不远就停在农田边的三岔路口,二哥叫我坐着别动,他自己下车接电话。

我只想问问二哥究竟发生了什么,想知道大哥为什么会出那么多的血?但是二哥的电话没完没了。我看着自己的右手,上面的血迹已经发干,沾得皮肤发紧。我将右手抬到鼻子前闻闻,没有什么特别的腥味。这是大哥的血,我手上沾满了大哥的血!我越想越害怕。我开了车门,刚要跨出车门,二哥就非常严厉地大叫:"进去!"我只得乖乖地关上车门。

二哥的电话打了很久很久。我不想看我的手机,我不想知道时间,我只要二哥能带我回到大哥身边。

我身体在颤抖,我闭上眼睛,不停地祷告、祈求、拜托,只求我大哥平安无事。我恨自己不是医生,不能马上对他进行抢救。我也觉得二哥太没有常识,为什么不马上送大哥去医院?

当我睁开眼睛,看见二哥已经放下手机,直直地站在田埂边。我不敢喊他,我知道事情不妙。二哥用衣袖擦了一下眼睛,转身走进车来。

"大哥走了!"

"走到哪里去了?"

"走了就是走了!我怎么知道走到哪里去了?"

"他伤得那么重,能走到哪里去呢?"我问。

"你怎么不懂呀,傻丫头!"

"他——走——了?"我慢慢地吐出这三个字。

"哇……"二哥像个小孩一样号啕大哭,我反而惊呆得没有一滴眼泪。我不明白这是怎么一回事,身强力壮的大哥,笑起来两个大酒窝的大哥,那个好学不倦的大哥,那个对我无微不至的大哥,怎么就走了呢?我怎么办?他知道我离不开他,他怎么能丢下我?我去哪里找他?

我呆呆地看着车外昏暗的小路和黑乎乎的农田。脑袋除了那几个混乱的问题外,不知道还有没有其他的思路。

我不知道二哥什么时候停止了哭泣,也没注意他何时走进车里,只见他把自己的头压在方向盘上,时不时抽泣几声。

好久好久,二哥说话了:"大哥早就知道会有这一天,他已经交代我好好照顾你,我只有把你照顾好了,大哥才能放心。"

我没有回话,我听不懂他说什么,也不知道我能回答什么。我痴呆了。

"要吃点什么吗?"二哥问我。

你，会回来吗？
——心理治疗师与你对话生死

"不要。"我没有丝毫食欲。二哥也没有多说，静静地坐着。

又过了很久很久。

二哥打开了车门，我一下子紧张起来，我害怕二哥离开留下我一个人。其实二哥只是到车背箱里拿出两瓶矿泉水，给了我一瓶。他自己打开一瓶，轻轻地喝了几小口。

"我们很不顺利，大哥还是被害了。"

"你们为什么不把大哥送医院？让他躺在那里耽误抢救时间？"我生气地责问道。

"丫头，你不懂。你应该相信你大哥的安排。你大哥是绝顶聪明的人，他的安排没有错。"

我没有继续争执，我傻了，脑子不管用。

"现在我要履行大哥对你的安排，希望你能听大哥的话。"二哥继续说着。"大哥早就吩咐我了，如果他走了，那你也不能继续留在国内，应该尽快送你出国。"

"为什么？"

"为了你的安全。"

二哥这么解释，我搞不明白。"我哪里不安全了？"

"以后我会向你解释。"

"你现在告诉我，到底是怎么一回事。我必须知道这些与我、与大哥息息相关的事。"

"打个电话看看你妈在家吗？"

"找我妈干吗？我的事与她没有任何关系。"

120

"快打,非常重要。"二哥斩钉截铁地说着。

我与二哥没有打过什么交道,也不好意思跟他闹,只得给我妈打电话。

二哥一面开车,一面说:"告诉她有朋友要找她,我们马上就到。"

我们一进家门,妈已经穿戴整齐地等着我们了。

"出什么事了?"

二哥从兜里拿出一个小瓶,说里面是帮助睡觉的药,让我吃两片后好好睡觉。今天累,明天下午他会来找我。他要与我妈妈谈谈。

我表示我要听他与妈妈谈什么,我说我不累,我不想睡。

"去睡。"

他的"去睡"两字是不容争辩的。二哥没有大哥那种随和可亲的样子,总是一本正经,不苟言笑,令人有距离感,也让我有点怕他。

我妈不知所措地呆在一旁,一言不发。我只得老老实实走向自己房里。

"把药吃了吧,你会睡得好点。"

我吞下药片,去睡了。

第二天中午我才醒来。头沉得抬不起来,心里难受得只想把心掏出来揉揉。我脑袋空空,想不清究竟发生了什么。那段时间我真的发傻,发生了那么大的事情,我会那么痴呆愚笨,没有特别反应,也不怎么哭。我是过了好久,到了国外后,才真正感受到悲痛。我这个人不可救药吧?

老师:这种反应不奇怪。当一个人遇到巨大心理创伤事件后常

你，会回来吗？
——心理治疗师与你对话生死

常会出现"心理休克"状态。这不是你傻，这正说明事件对你的心理冲击太大。

"丫头"：是这样呀？我老责备自己太幼稚，一直后悔当初该怎样，当初不该怎样，非常内疚。

老师：不必自责。一个人心理受到沉重打击，好像身体受到严重感冒一样。感冒后发高烧，一个人会头脑不清，神志恍惚；同样，心理上受到重大冲击，也会出现休克麻木，反应迟钝。这不是你的问题，遇到这种事情，许多人都会有这种反应。

"丫头"：哦，只是我总觉得自己发傻的时间太长了。那天中午刚醒，我妈破天荒地给我送饭到床头。可是我一点胃口也没有，不想吃。我妈再三劝说，我吃了几口。就在吃饭时，二哥来了，让我赶紧吃完，要出去一趟。我丢下饭碗，即刻跟着二哥走出门。

我妈傻傻地看着，没说一句话，什么"早点回来"，什么"不要玩昏了头"等废话一句都没有，一个字都没有，就站在那儿看着我出门。

二哥一言不发地启动了车。我也没问去哪，只是静静坐着。

他把车开到平日我与大哥常去的小山坡前。那么熟悉的情景，可惜，身边的不是大哥。

我们在小山坡上坐下，二哥将手里的两瓶矿泉水分给我一瓶。我不渴，没喝，他也没开瓶。

"你大哥是我的救命恩人。没有你大哥我早就死了。可以说是你大哥收养了我，就像我父亲一样，当然比我父亲要好几千几万倍。"二哥滔滔不绝地开口讲故事。若是平常，我肯定会插话让他讲重点，别扯远。但是那天,任何有关大哥的事情我都想知道。

我安静地侧耳聆听,没出一声,任凭二哥怎样回忆,怎样叙述,怎样东拉西扯。那一切都是我所不知道的,也是我迫切想了解的。我爱听二哥那份絮絮叨叨的回忆。

"我想你大哥应该比我小好几岁,只是大哥不知道自己的年龄,他爹妈早就死了,孤儿一个,没有身份证,不知道自己哪年哪天出生,你大哥也是苦命人呀!他经常按照需要胡编自己的年龄。我们都尊重他,所以也都叫他大哥。你要知道,我们一伙人,那些已经30好几奔40了,也叫他大哥。大哥对我们都有恩。

大哥早就发下话,他原来一生无牵无挂,自从认识你后,他最不放心的就是你这个丫头了。那天受伤后,他迷迷糊糊地一直在叫你,丫头丫头的,我当时也听不清他在说什么。以前他说好的,万一有个三长两短,赶快将他悄悄埋葬,谁也不要惊动。再说,他也没有什么亲人要通知。但是,那天他一直叫你,我想他要见你,就把你带去了。后来有医生等外人来了,我必须带你走,大哥关照的,不能让其他人认出你。"

我突然忍不住二哥的絮叨,插嘴责问:"为什么不送大哥去医院抢救,或许抢救及时,他不会死。"

"丫头,你不懂。谁愿意把自己的性命交给警察?谁愿意让警察来绞死自己,让众人唾弃?要死,自己悄悄死去,图个安静,那是最好的。你大哥早就发下狠话,受伤后绝不能送医院!能活就活,活不了该死。我们也认为这是最好的安排。"

你，会回来吗？
——心理治疗师与你对话生死

"为什么警察要绞死大哥？大哥做什么啦？"我压根儿糊涂了。

二哥停顿一下，没有直接回话。他说起了昨天见我妈的事："昨晚我跟你妈聊了很久，估计你妈也脑袋晕晕。你妈是个聪明人，她会明白大哥的意思的。"

我任随二哥说下去，我已经不知道什么是我该问的，什么不该问。

"我向你妈说清楚了，你有生命危险，她必须马上带你出国。"

"我不想去！"我断然拒绝。

"没办法，你必须离开这儿。人家来杀大哥，一定会来杀你。"

"为什么杀我？我又没有得罪什么人？我不怕，我不走。"我坚持我的态度。

"丫头，这个你慢慢会理解。大哥早就安排好，他把他的钱转给了你。反正他也没有什么亲人。"

"你妈今天应该会办好带你旅游的事，你们明天就走。一会我送你去旅馆住，别回家。出门的行李你妈会帮你收拾。"

"我妈愿意丢下工作带我出去玩？不可能！"

"她当然答应了。大哥说得没错，再怎么说，她是你亲妈，她会照顾你。大哥一直相信当妈的是爱孩子的，会保护自己的孩子。哪像我们这些人，全是没娘的，有的连爹也没有。我已经把大哥给你的钱留给你妈，先由你妈保管，因为你是未成年人。将来你长大了，就有钱用，不会像大哥那样为了生存，为了吃饭钱而把命豁上。"

"我不出国，我要知道大哥究竟去了哪里？或者死了葬在哪里？

我现在什么地方都不去。"我执拗地回答。

"丫头,你就最后听你大哥一回吧!我跟你妈也说明白了你现在有危险,杀害大哥的人一定会来追杀你。他们是亡命之徒,他们不是因为你丫头有什么不好,他们只是恨大哥,要报复,要杀所有与大哥亲近的人。你先出去避一避,等风平浪静之后再回来,行吗?"

"他们为什么要杀害所有与大哥亲近的人?你说清楚!"

"你大哥太能干,他们输了,他们恨你大哥,他们想报复,就是这样。"

我想问"为什么?""为什么?"一个一个问下去,可是我脑子好像被抽空,问不出什么,也理解不了什么。我就任由二哥摆布。

我妈也被"追杀"两字吓坏了。她是能干人,再怎么紧张,也能把事情一件一件办妥。

我们出去旅游,然后到国外留学。我妈一直陪着。

当我们安定住下之后,我与我妈都开始发疯了。

我妈整天骂我是混蛋,搭上犯罪分子,与地痞流氓纠缠在一起,说我是个不要脸的孩子,反正各种难听话都说得出口。

我妈一直诅咒大哥是个要下地狱的人,大哥害得她丢了工作,丧失了自己的生活。不让她过一个正常人所能过的日子。现在她整天担惊受怕,怕那伙犯罪分子追杀到国外。

我从我妈那儿知道大哥是个十恶不赦的贩毒分子,卷入了可怕的帮派斗争,是个坏人。我也恨大哥把我和我妈拖累进去,让我们失去自由,不能在自己家里太太平平地生活。

你，会回来吗？
——心理治疗师与你对话生死

但是，真正让我心痛的是我失去了世界上最最亲爱的人。我脑子一直有幻觉，一会儿看见满头鲜血的大哥，看到我右手全是鲜血；一会儿又听见大哥给我讲西方名著里的故事，讲福尔摩斯怎样依据他的化学知识破了案，讲基督山伯爵报仇十年不晚。

大哥帅气豪爽，为人仗义，怎么是个杀人不眨眼的毒枭呢？

我心里乱极了，我吃不好睡不好，噩梦搅得我夜夜不得安宁。我蜷缩在床的一角，不知该怎么办？我觉得我活着已经没有意义，我想死。

老师：你这个十几岁的孩子承受了这么多艰辛痛苦，不容易。那些创伤经历会导致一系列心理创伤后应激障碍的症状，如睡眠障碍，饮食障碍，注意力不能集中，记忆差，容易发怒等，尤其是那些不由自主地、反复地闯进脑海的、与创伤有关的情境或内容，更令人情绪悲伤混乱。患有心理创伤后应激障碍的人经常处于焦虑抑郁状态，甚至有自杀的想法。你目前有这些症状吗？

"丫头"：是，我想我是病了，心理有病，身体有病，哪里都不对劲。

老师：你提到了你想自杀，你想过你准备怎么死吗？

"丫头"：还没想好。我想把问题搞清楚后再死，就如我一开始所说的那样，我自杀了，或许我上了天堂，但大哥下了地狱，我们还是不能相见。

老师：我理解。谢谢你详细地介绍了你与大哥相识和交往的过程。你说，你最大的困惑是"好人或坏人的鉴定"，也就是说你大哥究竟是好人，还是坏人？然后就是"天堂和地狱的入门标准"，即你想追随大哥,要去天堂还是下地狱,是吗?

"丫头":可以这么说。

老师:我的回答是,天下没有好人或坏人的统一标准,所以我们也不能简单地说这是好人,那是坏人。一般来说,如果说这个人是好人,那个人是坏人,这种说法是幼稚和无知的。人的行为错综复杂,严格地讲,我们只能说这个行为是对的,好的,那个行为是错的,坏的,不能以个人的单一行为来评定一个人。人与他的行为是两个概念。再说,对人物和行为的评价也完全受当事人的个人想法、家庭传统、社会观念和国家理念等价值体系与信仰的约束。一个人认为好的人或物,另一个人可能持有完全相反的想法。你能理解?

你说,你大哥是世界上最好最好的人,我同意,因为这是你的评价。可是,在你妈妈的眼里,你大哥就是另一个形象。你妈怎么说你大哥?

"丫头":我妈认为他是个十恶不赦的坏人,他勾引我,害得我性命难保,没法好好过日子。

老师:人就是这样,每个人有自己的观念和想法,即便是我们看同样的一本书,千万个人有千万种想法和评价,有人会爱不释手,有人则嗤之以鼻。你与你大哥应该也有一些不同的想法吧?

"丫头":当然有。有一次我俩就《基督山恩仇记》一书吵起来。大哥特别欣赏那本书,我不怎么爱看,有些我也看不太懂,都是大哥让我看的。我没有细看,简单翻翻就知道一个大概。大哥知道我不明白,就详细对我解释什么大丈夫报仇十年不晚。我不以为然,报什么仇？十年想的都是报仇，那心理多阴暗呀？大哥不同意我的说法，还强调基督山伯爵的报仇不只是简单地让对方死，而是让对方也去经受他当初让被害人经受的那份苦难，也要受折磨而死。大哥的这种观点我觉得不好，我不喜欢。

老师：是，你分析得不错。评判一个人，通常是评判他的行为。人与人的行为是两码事，不能混淆。我曾经遇到一个孩子，他父亲在他出生前就被关进监狱，这孩子与他外婆生活在一起。他外婆一直对这个孩子说，他父亲是魔鬼、大坏人。那孩子6岁时，他父亲出狱了，法庭判定这父亲可以在社工的监护下见这个孩子。可是这孩子不愿意见这个从"监狱里出来的魔鬼"。他害怕、恐惧，做噩梦。我们做了很多工作，告诉他在他见父亲时，那个与他熟悉的社工会一直陪着他。后来，这孩子在极其恐惧的心理状态下见了他父亲。他父亲送他一个小游戏机，带他到麦当劳买给他最爱吃的东西。他的恐惧渐渐消失。在以后的见面时间里，他父亲带他去操场踢球、去滑滑板、看电影、去游乐场打游戏、给他讲笑话逗他乐。不久，那孩子就认定他父亲是世界上最好的人。于是，这孩子与他外婆发生了极大的冲突。孩子认为父亲是好人，外婆认为他父亲是魔鬼。对于那孩子父亲，同一个人，孩子与外婆的评价完全相反。你能理解吧？因为孩子看到他父亲对他好的那些行为，而他外婆看到的是他父亲既往犯下的罪行。

所以，人是一个综合体，由他的行为、情感和思想所组成，不能简单地以某些行为作出判断。

这能解释为什么你与你妈对你大哥有不同的评价了吗?

"丫头":好像是这样。

老师:举你妈妈的例子,你怎么看待你妈?

"丫头":我妈非常聪明、漂亮、能干。但她太自私,她只想她自己,心里只有工作、挣钱、地位、名利,表面优秀,内心狭隘。

老师:你大哥怎么看待你妈?

"丫头":我大哥从来没有见过我妈,但是他就是死磕着当妈的都是爱子女的,只是方法不同罢了。我妈追求名利在大哥眼里也是难能可贵的优良品德,有上进心,不俗气。我越贬我妈,他就越赞我妈,老与我反着。直到最后,他还安排我妈来管我的一切,我很生气。

老师:你现在明白了吗,你生气的是你大哥的行为,就是让你回归到你妈身边的做法,而不是他整个人。对大哥这个人,你爱他爱到想随他去死,但对他的行为,却不是全部认同。是吗?

再说,大哥对你而言,是最好最好的人。我相信,那些跟随了他很多年的兄弟也认为他是最好最好的人。但是,他所从事的贩毒行为将伤害那么多男男女女和他们的家庭,对那些受害者和受害者的家人来说,他真是十恶不赦的人。我想你大哥自己也明白。

"丫头":我也一直怀疑大哥在做一些不好的事,但我从来不过问,也不想知道,因为知道后心理太矛盾,宁可装聋作哑,当个傻瓜。我说过,那天我去玩赌博游戏,大哥见了我大发雷霆,严厉地警告我四样东西不能碰:赌、毒、淫和酗酒。我从来没见他那么生气过。大哥知道吸毒的危害,但他为什么还要去做那些事呢?

我曾经侧面与大哥谈过他是否能找个工作,安稳过日子。大哥说,他离开了,那些无家无业无文化的兄弟们怎么办?这些兄弟都是被家人抛弃的人,没有读过书,不识几个大字,能找什么工作?再努力一把,等有了一笔钱能让他们回家盖房娶媳妇,那我也不干了。你丫头成年后若不嫌弃我,我俩就好好过日子。可惜,他还没有攒够让大家盖房的钱,就死了。

老师:有些人做坏事,他们有自己的解说和安慰,否则他们心理就不平衡。

"丫头":我想起大哥跟我说的一件事,我印象非常深刻。有一天大哥跟我说,他看到一张碟片,上面写的是《闻香识女人》,美国电影,他就找来看了,非常好看,他叫我也去看看。我当时很不高兴,认为他太淫荡,什么闻香识女人的,太俗气。他急了,忙说不是这样的,是个很励志的电影,讲一个退伍老兵和高中生的事。电影里的高中生对那位玩世不恭的退伍老兵说过这样一句话:"你不坏,因为你有太多的痛苦。"

大哥深沉地说:"丫头,你要知道一个人做坏事有时也是不得已呀。人要吃饭,要生存,总得有个活路。"

当时我并不明白他的意思,后来与二哥交谈后才知道他很小就被他养父逼着去贩毒,走上了不归之路。他曾经离家出走,逃离养父家,可是马上就被追了回去。所以他对我的离家出走非常理解,我们有不同的难处。当然,我是小孩子任性,大哥比我苦多了,没法比。

老师：你大哥说得对，有些人做坏事，是因为他们有太多的痛苦。他们自己没有好方法应付，所以就用了不该用的方法。比如，一些人吸毒是他们因为心里难受，他们无法承受那份揪心的痛苦，就用毒品来麻醉自己，进行自我治疗，结果是陷进去不能自拔。

我曾经访谈过监狱里的重刑犯，那些罪犯中的一部分是精神有点问题的人，另一部分就是承受过痛苦的经历，结果就以错误的方式来应对。

"丫头"：我大哥就是因为痛苦的经历而被逼走上这条不归之路。他的命太苦。

老师：其实你大哥明白什么行为是应该做的，什么行为是不该做的。他看了那么多的书，学了那么多的知识，可惜他没能尽早逃离那个陷阱。因为逃离陷阱比继续在陷阱里挣扎要难很多很多。没有社会的支援系统的帮助，他孤身一人是很难脱离的。

"丫头"：大哥说他生活在人类基本需求的底层，没有安全保障，当时我不理解，他有钱有势，怎么可能生活在需求的底层呢？我现在想想，当一个人的生命时刻受到威胁，永远没有安全感，那是一种怎样的日子！我后悔我没能与大哥分担他的痛苦，没能帮他改变他的生活状态，真的太后悔了！如若时光能倒转，从头来过，我一定会劝大哥尽早脱离那个陷阱。

老师：心理创伤后应激障碍的一个最为伤人的特征是内疚。英语叫"Guilty"。人们以为悲伤、抑郁、愤怒等情感是对人体健康伤害很大的，但是，近些年来的研究发现，对人类伤害最大的情绪是"内疚"，那种深切的悔不当初的痛苦感觉可以绊倒身强力壮的大汉、聪慧机敏的智者、心地善良的好人。美国20世纪60年代的越战和后来的伊拉克战争，无数的美军士兵患上了创伤后应激障碍，他们常常陷于内疚之中不能自拔。他们后悔当初被打死的为什么不是自己，而是自己最亲近的战友；他们后悔当初自己如果做了另一个决定，自己的好友就不会惨死。那种后悔将人们内心仅有的一层自我防范彻底打垮，使人们难以继续争斗下去。内疚让人感到无能为力，因为过去的已经过去了，无法更改，无法挽回。一个人生气，有可能将生气化为动力，去做点什么，但是悔恨却让人们处于自责、痛苦、无奈之中，什么也做不了。

"丫头"：我就是整天后悔、内疚，我无法将自己拔出来。

老师：深陷内疚感的人有一种时间感知的错误。他们沉浸于过去的时日，想着过去的事情。然而，过去的已经过去，将来的尚未来临，我们只能活在当下。只是，要将时间感知拉回到当下，是一个艰难的过程，当然这是一个可以做到的过程。你应该有信心。

"丫头"：你说得有道理，但是我说服不了自己。我觉得我太自私，太傻，居然没有看到大哥下葬就匆匆跟我妈离开了家。我至少要陪伴到大哥落土为安，我还有很多话来不及对大哥说，我怎么能安心地活下去？

我常在梦中见到大哥，但是梦里的大哥不是那个笑嘻嘻、酒窝陷下去的大哥，而是呆呆地站在那儿，我想去拉他的手，怎么也拉不到；我看见大哥走开了，我想立即追上去，但是我挪不动我的脚，抬不起我的腿,怎么也追不上。我号啕大哭,但大哥就是不理我。他越走越远,我使劲扑上去,谁知扑倒在悬崖边,几乎坠入深渊!我突然醒来,浑身是汗,满眼是泪。

梦醒之后,我想起我大哥,这么一个好人,命运为什么对他这么残忍呢!我应该去追寻我大哥,无论赴天堂还是下地狱,我都愿意,只要能让我们两个苦命的人生生死死都在一起。

天 堂 地 狱

老师:你说,你有好多话要对你大哥诉说,你要让大哥知道,你准备自杀,无论是天堂地狱,你都愿意追随他,让他不再孤独寂寞。

"丫头":没有大哥的日子我过不下去,心里太难受。大哥出事那天,我在大哥身边没上说上几句话,只是"大哥大哥"地乱叫。他那时已经昏迷了,我怎么叫他都不回答。老师,你说,如果一个人死了,昏迷了,他能听见声音吗?大哥能听见我的叫声吗?大哥的兄弟说,大哥一定听到的。因为大哥一直担心着我也可能出事,那天我到了那里,他一定听到了我的叫声,他知道我安全,所以他的呼吸渐渐趋向平静,后来安静地走了。老师,你说是这样吗?

老师:我认为你大哥能听到你的呼叫声,这是我的推测,但我没有证据。再说,从心理治疗角度来分析,相信你大哥听到了你的呼唤,你的心情会更舒坦一些,为什么我们不相信呢?你愿意相信吗?

"丫头":我相信。我觉得我与大哥有某种缘分,有某种感应,我

你，会回来吗？
—— 心理治疗师与你对话生死

相信大哥是等我赶到之后才放心地离开这个世界的。我觉得大哥人虽死了，但他的灵魂在某处等我。我的心，或者说我的灵魂，已经随他而去。大哥死后，我变得痴呆，脑子里空空如也。我不能感知现实生活中的各种事情，闭上眼，看到的全是与大哥在一起的点点滴滴。我无法安安稳稳睡觉，噩梦一个接着一个。我不会觉得饿，就是人家硬让去我吃点东西，我也不会觉得饱。我对我周围的现实世界没有兴趣，我的身体留在世界上还有什么意义？我已经不是原来的我了，我的心被揪得痛到要爆裂，我想死。真的，满脑子是死。

老师：尽管你只是一个中学生，但是你提出了一个当今世界的许多学者和哲人都在关注的一个重大课题——那就是一个人的心（灵魂）和体（肉体）是否能分离？灵魂与肉体究竟是怎样的关系？人死后，灵魂去了哪里？

回到你刚才的问题，大哥的灵魂去了哪里？天堂还是地狱？

我曾经认识一位母亲，含辛茹苦地把女儿养到大学毕业。女儿很争气，各方面都很优秀，刚毕业就在美国的一个大公司找到一份好工作。不幸的是，就在她女儿获得喜讯的当晚，在她与朋友一起外出庆贺的归家路途中车祸身亡。

那位母亲不能接受这个事实，整天在问："我的女儿去了哪里？"

邻居家的一个幼小的女孩过来，紧挨坐在那母亲身边，轻轻地说："奶奶，别难过，你女儿一直在你心里，你只要闭上眼，就能看见她了，是吗？你悄悄地跟她说话，她会听见的。你试试！"

那母亲豁然开朗，是呀，女儿永在心中，她闭眼能见，她会经常与女儿悄悄地谈话。你能理解母亲的心理变化吗？

"丫头"：你是说，大哥一直就在我心里，是这个意思吗？

老师：可以这么理解，你认为大哥是世界上最好的人，那么他一定在你心里的天堂之中。他苦了一辈子，现在他解脱了，平安了，没有追杀，不必烦恼，他就是在天堂里。你也可以悄悄地与你大哥说说你的心里话。你可以闭上眼睛，轻轻地问问你大哥，你这么难受，他希望你怎么办？

"丫头"：我还没有这么想过。

老师：这是另一种思考的角度。目前，没有人能证明天堂地狱是否真的存在，所以我们只能随我们自己的心来描述，凭我们自己的信念去想象。正如那小孩所说的稚言，天堂就在我们心里。

"丫头"：我不是很理解，不过我会好好想想。大哥的死亡实在太突然，我难以接受。大哥不是活到七八十岁成了老头才死，他是被人杀害的！他还年轻，为什么要杀死他？为什么要让我最心爱的人死去，留下我孤零零的一个人？

老师：你不知道，我更不知道究竟为什么你大哥会被害。实际上，你大哥心里是知道他有可能会死，所以他事先做了很多有关他死亡后的安排。比如，他交代你二哥怎样说服你妈来保护你，不要让你受伤害。当一个人知道自己随时有可能被害，那种心理上的恐惧不是一般人能承受的。正如你所提到的那样，你大哥一直生活在不安稳的日子里，确实不容易。

你大哥与你谈起过生死的问题吗？

你，会回来吗？
——心理治疗师与你对话生死

"丫头"：回想起来他确实经常提起死亡的事，只是我从来没有把它当一回事，没有细想。我经常阻断他谈论死亡，太不吉利，我不爱听，所以他也不坚持说下去。

老师：他说过一些什么？

"丫头"：有一天，他情绪很好，很高兴。他开车带我去一个很远的地方去吃海鲜，据说那是最好吃的海鲜馆。那饭店很小，在一个偏僻的海边小街上。饭店人不多，我觉得奇怪，既然是好吃的海鲜馆，怎么会没有多少人来吃呀？大哥笑笑，说一般人不识货。我俩在二楼的角落里找了个能看到海景的座位，还喝了一点酒。那菜确实很好吃，加上酒精的作用，我的话越来越多，大哥一直笑眯眯地听我讲各种乱七八糟的事情。我对大哥说，生活就应该是这样，一直吃吃、聊聊、笑笑，我俩一起长命百岁，多开心！

大哥突然转了话锋，问我如果有一天他死了，我还会一直想他吗？会想起这个海鲜馆吗？

"当然会想，"我猛地感到这问题有点怪。我问他为什么问这种问题？我告诉他，我会想起这么好吃的海鲜，想起我俩一起喝小酒聊天。

大哥说，如果他死了，叫我不要去想死人。他说："想死人干吗？想死人就是折磨活人，你懂吗？我死了，你自己去找乐子，缠着死人没有用，死人不会开口，也不会帮你忙，要找个能关心你的活人。"

我嬉皮笑脸地拉着大哥说："那你不要死，我一直缠着你这个活人。"

大哥继续说着：人都得死，如果所有人都长生不老，那这个地球怎么容得下？如果你的七大姑八大姨都活着，你的太爷爷的太爷爷，太姥姥的太姥姥都活着，你受得了吗？所以，如果我死了，你不要惊慌，死和生一样，都不是我们自己的选择。既然生了，就逃不脱死亡，我们每个人必定会死，只是我们不知道自己的死亡时间。不过有一种人是例外。

"谁例外？"我好奇地追问。

"自杀者。"大哥的回答让我惊呆。大哥解释道：自杀者必须相当理智聪明，如果自杀太早，那么人生的许多美好事情还没有好好享受就走了，太可惜；如果自杀太晚，那么受苦太多。

老师：对于你大哥说的关于自杀的论点，你有什么想法？

"丫头"：前一段时间一直没有想过大哥说的这些话，现在想来大哥说得有道理。他曾经提起在他年纪还小的时候，生活非常艰苦，觉得与其自己这样饿死、冻死、被折磨死，还不如自己快点自杀算了。但是他说他胆小，不敢自杀，就这么活下来。他补充道："幸好活下来，才有机会见你这个丫头。"我也抢着说："幸好，你活着，我才能遇到你。"

可是，大哥既然有幸能遇到我，为什么又这么早就离开呢？我一直想不明白。大哥这么聪明，难道他不会自己保护好自己吗？为什么一定要在那个生死不定的泥潭里生活呢？我好像问过大哥是做什么生意的，怎么这么有钱，我也想学学。大哥让我不要过问他的事，后来再也没有打听，我只是享受与大哥在一起的快乐日子。

大哥去世后,我曾经与二哥聊过,你们已经有钱,那就自己好好活,为啥要与别人结下深仇大恨,把自己的性命都赔上。为什么呀?

二哥说我不懂事,也没有必要去懂。人活到一定份上,那自己的性命就由不得自己来管了。

我看了好多关于帮派和贩毒的资料,但怎么也想象不出那么善良好心的大哥会是个十恶不赦的恶棍。

老师:要真正了解一个人是很难的,有时两个人生活了一辈子也不清楚对方是怎么样的一个人。更何况你与你大哥接触的时间不算长,你们只是在阳光下生活,你并不知道他在黑暗中的另一种生活,所以你无法全面评价你大哥。有一点你应感谢你大哥,他真的疼爱你,没有把你拉进他们的黑暗生活中,没有把你卷入帮派或染上毒瘾。

"丫头":我大哥不吸毒,肯定没有,他最恨吸毒的人。他不止一次地警告我无论如何不可以碰毒品,尝都不许尝,试都不许试。但他为什么要去贩毒呢?太多的问题想问他,但是到哪里去问呢?

老师:你想知道的那些问题,是你大哥不愿意让你知道的事情。如果他想让你知道,想让你多了解他一些,他活着的时候就会告诉你。你大哥并不是那种完全对死亡没有预料的人,他考虑过他可能会突然暴毙,但他不愿留给别人一大堆难以处理的问题。你大哥考虑周密,他在死前已经很妥善地安排了他死后需要解决的事。比如,如何确保你的安全,他知道只有你妈能做到。尽管你一直在埋怨你妈,但你大哥看问题就更客观,当女儿有生命危险时,你妈一定会保护你的。你大哥分析对了。

你大哥还考虑到为了确保你安全,让你出国,但出国需要经济条件,他给了你们一些钱能支付你们在国外生活的费用,所以你们能安定地生活一段时间。

另外,他还教会了你怎样应对孤独,教你与书为友,使你在没有他的日子里可以从书中得到心理安慰。

事实上,你大哥帮你和教你好多正面的、健康的事情,而那些罪恶的、黑暗的事情他没有传授给你,没有影响你,这一方面来看,你大哥是个好人。他甚至在自己生命受到威胁,生活不得安宁之时,也没有把他的焦虑和烦恼倾泻到你身上,宁可自己一人承担,这也是他对你的关怀之心。

不管怎么说,你大哥的心愿是给你留下一个良好的形象,这点他是做到了。至于你想更多地了解一个更全面、更真实的他,那是你的自由、你的权利。不过,这肯定不是你大哥的愿望,所以你要好好考虑。

"丫头":是的,大哥一直回避或不让我知道他的一些事情,总是说我小,不懂事,或者说那些事与我无关,不需要知道。久而久之,我也不再过问他的事情。我只管与他一起吃吃玩玩,高高兴兴的,挺好。他是我心目中最好最好的好人,那就够了。

老师:你很尊重你大哥的意愿,那你觉得你大哥在天堂或地狱希望看到你自杀去见他吗?

"丫头":我不知道。他应该不愿意我死吧,不过他也会想念我。

你，会回来吗？
——心理治疗师与你对话生死

不管是天堂或地狱，我们一定会再相见的，是吗？

老师：如果你坚信这一点，你们就会有某种形式的相见。有一点你应该了解。人们的生活是多维度的，暂且不说世界的五维、六维等，那些太复杂，我们首先要知道生活至少有四个维度，除了长、宽、高三个维度外，还有向前运动的第四维度。说得更实在些，那就是人从出生后就一直向着自己死亡的终点移动。在这种生命的移动中，有着喜怒哀乐，痛苦幸福，那所有的一切都在运动，不可能停止永恒，因为时间不会停止，日子也不会倒退。任何感受都是某个时间发生事情的反应，随着时间的流逝，那些反应也会变化。你与你大哥以前在一起时的欢乐，那没法永存，过去的就过去了，无法重新获取完全相同的体验。同样，你现在的痛苦也有时间段，不会永远如此。你一天天生活着，你把你的思念与痛苦，你的疑虑与困惑说出来后，你的情感上会有所放松与解脱，你的思想上多了些思考与认识，今天的你已经不同于昨天的你，明年的你更不同于今年的你。要知道过去的已经过去，未来的还没来到，即使是当下这一念，诚如我们所经验到的，也立刻变成过去。你在成长，在往前走。不久的将来，你就能走出这低沉的痛苦之地。你的大哥会为你感到宽慰，你也会为你的进步而更高兴。你要相信这点，大哥在你心里，他会明白你。

"丫头"：现在我也渐渐明白了我大哥的心意，我知道他关心我、疼爱我，他希望我快乐幸福。正因为这样，我更想念他。

老师：思念他并不需要了结自己的生命去见他。你可以在思念中更多地了解你大哥，给自己一点时间，不要伤害自己，可以吗？在伤心绝望时,先寻求帮助,一个人帮不了你,再找第二个;第二个也没有办法,再找第三个;要相信天无绝人之路,相信你大哥在冥冥之中会帮你找到光明。你相信吗?

"丫头":我相信。

老师:不要自杀,至少在没有想清楚之前,不要伤害自己。我们还可以继续谈谈你大哥,谈谈你的苦恼。在我下次再见你之前,不要自杀,你能保证吗?

"丫头":好,我保证在下次见你之前不自杀。

成人篇

同性恋者的苦恼

北京,某心理诊所。

一位自称姓熊的先生走了进来。他 34 岁,拥有硕士学位,公司经理。

熊先生是个地道的帅哥,1 米 8 以上的个头,西装笔挺,衬衣熨得非常平整。他说话的声音雄浑厚实,语速适中,语调平稳,吐字清晰,犹如在讲台上演讲一般。

你，会回来吗？
——心理治疗师与你对话生死

"今天可能是我生命的最后一天，"熊先生开门见山地说，"曾听说心理学家能帮助人们解决心理上的困惑，所以想尝试一下，看看人间是否真有救命稻草。"

"非常感谢你对心理治疗师的信任，我们会尽力当好'救命稻草'的角色。不过，你说的今天可能是你生命的最后一天，不知道这是什么意思？"

"我是同性恋者，只爱男性，没有双性恋倾向。我老家在北方，一个非常传统的小城镇。我爷爷、我爸爸和我都是家里的独子，真正的独子，没有姐妹。我今年34岁，家里人都着急地等待着我去传宗接代。这使我非常内疚。我完全清楚我们家里人绝对不会接受同性恋的观念，也不可能接纳另一位同志。父母的那种传统观念根深蒂固，随着我年龄的增长，他们盼孙子的愿望日益增加，加之与周围的人们比较，他们心理上已陷入偏执的状态，没有孙子，似乎就没了他们的未来。他们并非那种霸道的人，他们对我疼爱无比，期望很高。他们越关爱我，我心里越内疚。另外，我也非常清楚社会上人们对同性恋者的鄙视，尽管表面上看来社会日趋开放，同性恋似乎不是什么大不了的事情，其实这种开放思想只局限于对别人家的事情，也许会不干涉，不管他。然而，同性恋的事情真正发生在自己家里，那是万万不能的。丢人现眼，遭人鄙视，这种情景怎么受得了？

我明白，无论是社会还是家庭，对同性恋的偏见与歧视在相当长的一段时期内不会有多大的改变。相对于残酷折磨人的内疚和持续被人鄙视，那么，快速了结生命不妨是上策。你要明确的一个关键点是,因为家里人对我太好了,我太爱他们,所以我感到无比内疚。我自杀,我意外死亡,对他们而言是一个短期的痛苦,大家可以理解,而家有同性恋者,那是一种持久的羞辱,我不愿意我最亲爱的家人受到羞辱。"

不知熊先生是有备而来,还是口才极佳,他只用了短短的几分钟就将他想终结生命的原因说得清清楚楚,就像一位思绪清晰、表达能力极强的学生,以非常简短扼要的方式,平静地回答了有关生死的残忍问题。

"我能理解同性恋者的这种痛苦。这种与生俱来的、无法改变的性取向确实会对个人造成困扰,尤其是在同性恋还没有被广大民众接纳的时代,要顶住那种鄙视是很艰难的。那你想如何了结生命呢?"我问道。

他是一个冷静理性地思考过生死抉择的人,对他的自杀危险度评估来不得半点马虎,一根救命稻草是否能恰当地抛到他手里,他是否愿意抓住稻草,成败与否就在咨询交谈的一言一词间。

自杀危险度的评估有三大项:原因、时间和方法,其中两项已经在熊先生的最初陈述中表明了:他有着明确的自杀原因;他定的时间是"今天",而距离今天的结束也不过10多个小时了。如果他的方法是极端的话,那他就是"极其危险"的自杀倾向者。

虽然我和来访者平静温和地谈论着自杀事件,其实双方心里都明白这场谈话并不轻松,这既是对心理治疗师非常严峻的考验,也是熊先生对自己人生沉浮的最后度量。

"你准备用结束生命的方式来解除长期压抑着你的、无法解决的、心理上的内疚与痛苦。这不是你的一时冲动,也不是你的贸然鲁莽行为,这应该是你经过深思熟虑、周详计划后的行动方案。能告诉我你的自杀计划吗?"

"你想知道我的自杀方法?"一丝犹豫或哀伤的表情从熊先生的脸上快闪而过,他马上露出微微笑容,彬彬有礼地答道:"我准备在郊外高速公路上制造一起车祸,只杀自己,不伤他人。"

又是一个惊人的简要回答。

自杀评估的结果是:他有明确的自杀意愿,有自杀的计划,时间已经设定,就在今天,方法也是可行的,因为他有车,自己会驾驶。所以,他是位极高危险度的自杀倾向者。

评估是为了干预。如果我不能在几十分钟内博取熊先生的信任,那么,干预就将失败,熊先生极有可能按照他的计划进行自我了断,我也就很有可能从今天的晚间新闻中听到一起交通意外。当然,按照评估状况,我有权向有关部门报告熊先生的自杀倾向,希望获得更多救助资源,防止他采取自杀行为。

对这类非常理性,而又极其聪慧的自杀倾向者,马上送去医院,注射或服用镇静剂来帮助他稳定情绪,似乎不能解决问题。要阻止他采取自杀行为的唯一救命稻草看来就是与他建立良好的咨询关系,签下短期安全合约,然后逐步商讨,直到他从内心认可并取消自杀计划。当时还真想不出其他更妙的招数。

著名心理学家卡尔·罗杰斯再三地强调:心理治疗的关键是集

中于来访者自身,而不是来访者所提出的问题。我们要做的是协助来访者成长,以便让他们能更好地应付自身的问题。

罗杰斯还指出,要做到这一切的前提是治疗者与来访者的"和谐的关系",是那种真诚的、现实的良好关系,是那种无条件接纳的积极关怀,是那种能深入理解他人主观世界的能力。

一旦治疗者与来访者建立了"和谐的、真诚的、现实的良好关系",自杀干预就成功了一半。

"我曾经作为一个志愿者,当过北京的一个不公开的同性恋组织的心理咨询顾问。我参加过多次同性恋者的私下聚会。我非常理解同性恋者的心情。"我谈起了我所做过的一些同性恋者的咨询工作。

"噢,是吗?"

"当初有朋友信任我,把我请去参加了他们的秘密聚会。那时正逢一位同性恋者因艾滋病死亡了,那些生者为亡者不幸的一生感到悲哀。他们最主要的问题是那几位曾与亡者有过性行为的同志们正处于极其焦虑状态,因为防疫站的工作人员为了防止可能受艾滋病感染的同性恋者再向外界扩散疾病,就像追捕罪犯似地查寻着任何与死者有关联的人。死者的好友之所以不敢去防疫站报到,并不只是害怕自己也感染了艾滋病,更担忧的是一旦自己的家人或周围环境中的人们得知他们的同性恋身份,得知他们可能患了艾滋病,他们将难以面对家庭的唾弃和社会的鄙视。"

熊先生聚精会神地听着。他不再一脸冷漠,显露出关切的表情。

信任的关系开始建立。

我继续说下去:"我当时对同性恋情况的了解,除了书本上的教条之外,所知无几。当时大家争论得非常激烈,我没有神奇的力量去解决同性恋者面临的一系列难题,我只有倾听,设法理清大家的思路,希望能够在群策群力的基础上,作出比较妥当的决定。我告诫大家,不能指望出现完美选择,因为无论怎样,都有不满意的地方。"

"当时有哪些争论?"熊先生对此产生了很大的兴趣。

"在当时的情境下,只有两个选择:一是即刻向防疫站报告自己与亡者有过性关系,然后接受艾滋病检查;二是躲避与否认,不接受防疫站的强行检查。在第一种情况下,向防疫站报告后的结果无非也是两种可能性:HIV 阳性或阴性。当然阴性就没问题了,如果是阳性,那是否愿意接受治疗?防疫站肯定会联系与当事人有密切关系的人员,那么当事人的同性恋身份以及艾滋病或 HIV 阳性的状况很快就会被披露出来,即便是小范围的披露,对当事人的亲友来说,也是一个不小的地震。当事人是否具备应对这一系列压力的抗震能力?"

"是这么回事,分析得很清楚。"熊先生应答道。

"除了检查结果出来后引起的社会性歧视与偏见等,更为重要的是当事人自己是否能够心平气和地、理性地对待艾滋病的诊断结果。

在会议上,有人提出自己根本不想知道自己是否患病,做一天和尚撞一天钟,今日有酒今日醉,谁去管明天的事!马上有人提出异议,如果一个人病倒后爬不起来,去哪里等死?还有人建议用假名去体检。当场就有人质疑防疫站会允许你用假名吗?

有个人总结得很不错。他说,去不去防疫站报到的关键是人的一张面子,人的自尊或尊严。要不要面子,怕不怕人家点点戳戳?所以,大家要静心想想,面子重要?还是身体重要?

我觉得他归纳得很好,归根结底是个心理问题,就是自己能否直面同性恋和艾滋病。"

"说得很有道理。"熊先生低头陷入沉思。

我没有打破这个沉默。

好一会儿,熊先生才抬起头,轻轻地说:"我从来没有听说过有这种组织,我一直孤军苦战。"

"按各种统计资料,同性恋者占人口的百分之二到三?或三到五?或五到八?不知哪个准确。即便以百分之二来算,整个北京该有多少同性恋者呀?只是,人们的额头上没有标明,大家不知道罢了。正如你周围的人不知道你是同性恋者一样,那些统计数字的可靠性就不得而知。"

"你说得对。"

"同性恋者只是自己的性倾向与他人不同,他们中间的智者、强者、能者、善者同样存在。同性恋者常对我说,如果我能选择,我为什么要走这条艰难的路?这是命运。有人还很形象地告诉我,他的同性恋倾向犹如身上的一大块红色胎记,与生俱来,他不拉开衣服,人们看不见罢了。不过,他自己很清楚自己的胎记。"

"是。"熊先生低声应和着。

"其实,我非常想当你的那根'救命稻草',"我接着说,"可是,那是不存在的,因为稻草拉不住生命。其实想自杀的人,并不是想要结束生命,而是为了终止痛苦。如果你有办法解除痛苦,我想你可能也不会去了结生命,是吗?长期的精神压力,常使同性恋者感到无助、绝望。但我相信,他们一旦找回了自信,问题就容易解决。"

"嗯,是吧。"熊先生犹犹豫豫地答道。

是的,他的计划在动摇。

干预的第一步成功了。

随后,熊先生询问了许多有关其他同性恋者的情况,我俩越谈越多,熊先生不再是那么简短、扼要、公式化地说话了。他谈了他的童年,他的父母,他的求学之路,他工作的成就以及"他如果不是同性恋者的话"的美好前途。

他的自信在萌发。

治疗者和来访者之间的信任就在这坦诚的交谈中建立。

自杀干预原则中有这么一项,就是要与高度危险人员签定近期内不采取自杀行动的"短期安全合约"。熊先生在那份"短期安全合约"上签了字,他答应我回去再想想,把他的计划先往后推几天,并且保证在下次再来会谈之前不执行他的自杀计划。

我相信熊先生的承诺,他也确实履行了他的承诺。在"短期安全合约"期间,他没有采取任何伤害自己的行动。

后来我们见了很多次。熊先生聊起在他五六岁的时候,他经常到邻居家玩。邻居家的三哥是个残疾人,不知是下身瘫痪还是双脚不能行走,反正他一直坐在一张破旧的竹椅子上,偶尔撑着双拐能艰难地挪动几步。三哥知道很多故事,他看了很多很多的武侠小说。每次熊先生去他家,三哥就跟他讲武侠故事,讲到关键时刻,三哥就来个"请听下回分晓",怎么求爹爹告奶奶,三哥就是眯眼笑着,不再作声。熊先生说,他是独子,在家没人跟他玩,所以他经常待在三哥那里听故事。上小学后,他仍是放学回家丢了书包就往三哥家跑。如果家里有好吃的或有什么零食,他都会拿去与三哥分享,他俩成了亲兄弟,好哥们。

有一次熊先生问我:"一般来讲,多大的孩子会懂得性的知识?"

"这问题很难一概而论,每个个体的发育程度不一样。有些热带地区,十二三岁的孩子已经生儿育女了,而在大城市十几岁的孩子仍贪玩着呢。"

熊先生继续谈起他从未与任何人讲过的"自己羞耻的经历"。他说,那三哥比他大十来岁。大约从三年级起,三哥经常跟他讲恋爱故事,男男女女相恋,或是男男相恋,从那时起,他就朦朦胧胧地懂得了同性恋的事情。故事讲到动情部分,三哥会让熊先生抚摸他的下身,然后他也会摸熊先生。这种性触摸大约持续了一年。

熊先生将他与三哥的性触摸关系描述为"怪异的、变态的、丑陋的,甚至是卑鄙的,然而也是奇妙的、令人着迷的、丢魂失魄的"。

心理学家弗洛伊德的理论对熊先生来讲并不陌生,他看过很多心理学方面的书。他分析自己的童年经历,他认为他与三哥的那段经历并非是同性恋的根源,只是一个催化剂,促成了他对自己同性恋身份或同性恋倾向的理解。他认为他生而为之。他深信,如果科学发达,科学家一定能够发现同性恋者与异性恋者在生理结构上的差异。

他与三哥关系的断裂是因为他家搬到了一个很远的地方,从此之后,他再也没有三哥的消息。他曾经非常思念三哥,但长大后压根儿不想再去见那个人了。

我遇到过许多来访者,他们聪慧敏捷,学识渊博,逻辑推理能力极强,有些人更是富有创意,工作学业都出类拔萃。只是他们可能会在某个情结上卡住,倘若他们个性内向、执著,不善于倾诉自己的痛苦与纠结,有时就会陷于心理漩涡之中,难以自拔。熊先生似乎就是那样的人。

谈起在大学里经历过的那场恋爱的揪心刺痛,熊先生认为这种打击在他权衡生死的度量中,添加了沉重的死亡砝码。

那时,年轻气旺,他走火入魔式地爱上了另一班一个文弱书生般的男生。他经常魂不守舍地思念那个男生,想见他,想与他在一起,即便不说话也没有关系。熊先生说:他会逃课,他会等在那男生的教室外,一下课就拽着那男生去看电影、看球赛、吃宵夜,陪着那个男生彻夜玩游戏看录像,他甚至帮那个男生做作业写论文。尽管自己的学习成绩直线下降,自己存下的一点儿钱几乎花光,但是,他一直认为那段光阴最为快乐,内心充实,幸福也许就是那个模样。

正当幸福满满的时候,不知何故,那个男生突然疏远他,在学校里根本找不到那男生了。熊先生把那几天描述为丢魂失魄,不思饮食,彻夜难眠的痛苦之日。他去询问那男生的辅导员,老师告诉他那个男生转学了,不知转去何校。

同性恋者的苦恼

"你陷入了失恋的痛苦。"

"是。"

"那你怎样走出那痛苦的情绪?"

"时间。"他简单地回答。

"说得好。"

熊先生抬头直视着我,又回到他那种严肃刻板的对话状态:"同性恋的问题是不可能随着时间的流逝而解决的。"他一字一字清晰地吐出来,好像怕他人听不清他的话似的。

我回应道:"我有不同的看法。时代在进步,随着思想的开放和观念的改变,人们对与同性恋的看法也在变化。在一些国家已经从法律上认同同性婚姻。从心理学角度来看,早在1973年,同性恋已不再归属于精神障碍。人的看法是会变的。是吗?"

他没有作声。

"在北京的那个同性恋组织里,曾经讨论过同性恋者的婚姻问题。"我接着说:"有位同性恋者在会上谈起,他为了逃避社会的责难,违心地与异性结婚以掩人耳目。当时会上很多人表示反对,认为这不可取,是自私行为,对女孩子不公平,对自己也是一种折磨。"

熊先生也认为不可取,不应该那么做,除非那个人是双性恋。

我还谈到另一个案:"有一位男同性恋者向我分享过他的经历。他的父母就像你父母那样受传统文化的影响很深,一直催促他早日结婚,早生儿子,说什么'不孝有三,无后为大'。父母的那番言论让他一直很压抑,但他一直忍着。他36岁那年,他父母又唠叨要给他找

155

对象。他答应父母,在他生日那天他会带他的'对象'回家。那天,他遵守了他的诺言,带了他的对象回家,可这位对象是位男同志。他利用了中文中'对象'一词的无性别性。他父母怎么也理解不了,情绪混乱,语无伦次地与他争执起来。这位男同性恋者告诉我,他已经不是十几岁的小男孩,他是个成熟的男人。在向父母摊牌前,他与他的伴侣已经做好了详细的准备,他俩有条不紊地一点一点地说服父母。经过一段时间的相互沟通,他父母终于认可他们,同意他们就在家里一起居住。因为在中国没有同性婚姻法,他们觉得能够生活在一起就是一件幸福的事,加之父母的支持,更觉得人生并非绝路一条。"

"是,这个人很理性。"

"你是否想过与你父母沟通呢?现在社会发展了,开放了,中国的独生子女政策已经那么多年,传宗接代的思想已经越来越淡薄。你父母那么爱你,你的痛苦也是他们的痛苦,如果凭借你的劝说能力和对你父母的了解,能否试试?世上很多事情不是有了百分百的把握才去做的,对吗?如果你能说服你父母,那么你的人生就会不一样,你的压力将明显减轻,你将不会如此抑郁,尤其是不希望你再出现自杀或伤害自己的计划与行动。"

"是。我理解你的分析。我会想想。"

经过多次咨询,他权衡了自己的尊严、面子、痛苦、内疚和生命,考虑和分析了家人的期望,可能会出现的失望、悲伤和痛苦。最后,他决定活下去,尽管还很痛苦,但生命还有其他的意义。

高贵林女孩

老师,您说书写可以缓解我的抑郁情绪,确实如此。我断断续续地写至今日,似乎生活有了一种依托,有了一种我很期望很想做的事情,渐渐地有了写作的冲动。

开始写作时,我不知如何下笔,思绪纷乱。想到某些悲哀痛苦的经历,我泪流满面,时而失声痛哭。写后,哭后,犹如一股怨气的喷发,悲伤能量的疏泄,顿时感到一种从未有过的放松。写作,能写下自己的伤痛,写下自己的经历,写下自己的愿望,有一种重新审视自己的力量。想不到自我经历的写作有这么大的效用!

写下自己的经历,实际上是自我疗愈的过程。有时,我会沉浸在

> 你，会回来吗？
> ——心理治疗师与你对话生死

自己编织的故事里，似乎被催眠一般，分不清现实的自我，还是故事里的人物；有时，我好像不再是我自己，就像另一个声音在诉说；有时，内心的挣扎好似两个人物在激烈争论，我也分不清究竟哪个声音更像我自己。其实，这一切都没有关系，我写作，是我的自我疗愈，我写完这一章了，我就将它抛到一边，我要振作起来，继续行走在我的人生旅途上。

老师，我的故事您最清楚，我写我自己最熟悉的内心想法，没有任何企图，只是为了忘却，丢下这个包袱。我已经准备就绪，我将启程回国。我会去学心理学的，我想成为一个心理治疗师，为心理苦痛的人们服务，我将把加拿大的那些心理治疗方法传授出去。

急　救

被送进医院那天，我记得非常清楚。人们总以为一个人极其忧郁的时候，会精神萎靡，全身无力，神志恍惚，记忆模糊。其实，这只是表面，我的内心是清醒的，我的记忆是清晰的。我清清楚楚地记得，那天，我只想去死，我想彻底摆脱言不尽、道不明的心理苦痛，好像我的心被无数的钢丝撕拉着，那种痛楚驱使我撕开胸膛，揪出心肺，但我连拍打我胸口的力气都没有。

被送到医院前的好长一段时间内，我一直悲伤流泪。但是那几天，我却欲哭无泪。我眼前是昏暗的，视觉已经迟钝，没有了色彩，所见一切都是灰茫茫的。

我没有食欲,睡房内到处丢放着不知多久前吃的剩饭残羹和撕烂的塑料袋,一片凌乱。我确实记不清自己多久没有好好吃饭。

我也好久没有像样地梳洗了,蓬头垢面,全身酸臭。当一个人已经不想活时,她全然没有气力去洗脸、刷牙、洗澡。那些天,我整日迷迷糊糊,似睡非睡,我脑子里只有一个字:死。死了,所有的痛苦都一了百了,为什么要受苦呢?我已经绝望,我要摆脱,我正在摆脱。我觉得灵魂已经出窍,不知是迈步在赴天堂的路上,还是堕落在去地狱的通道里。

结果,不知谁报了警,警察和两位善良的护士把我送进医院。后来才知道我患有严重的抑郁症,具有抑郁症的所有症状:情绪低落,对以往喜爱的活动失去兴趣,饮食障碍,体重减轻,睡眠障碍,认为自己的人生无价值,罪恶感、懊悔感、无助感、绝望感等种种负面情绪挥之不去,经常抑制不住流泪哭泣,后期有了自杀倾向。急救住院后,服药治疗,心理辅导,运动与群体活动;出院后,继续服药治疗,心理辅导,运动与群体活动,身体才渐渐康复,情绪逐渐好转。但内心的纠结犹在,抛下它,或许我真的能够重生。

移　　民

两年前,我父亲决定移民加拿大,他告诉我移民的理由是为了我有良好的生活环境,有美好的未来。我明确地回答他:我不想移民,我对加拿大一点儿也不了解。虽然我对我的状况不太满意,但我的同学和爷爷奶奶、姥爷姥姥都在中国,我为什么要去加拿大?

我没法理直气壮地与父亲抗争,因为我觉得自己已经没有抗争的砝码了。我高中勉强毕业后,大学考不上。复读再考,仍是名落孙山。我知道我笨,不上进不努力,但是父亲不停地搬家,让我不停转学,就不影响我学习吗?后来我进了一所民办专科学校,那里的专业,没有一个我喜欢的。我喜欢文学,可是爸爸妈妈认为文学没用,让我学什么工商管理,我压根儿学不进。我浑浑噩噩,虚度光阴,不学无术,绣花枕头一包草,我都承认,那又怎样?

在出国潮高涨的日子里,我想父亲要移民就移吧,到了国外,或许父亲不会再瞧不起我,妈妈也不会再整天唠叨数落我,或许我的生活会很精彩,毕竟加拿大是个先进的西方国家呀!

初夏,全家忙着准备移民,学期结束时的成绩单已经完全不重要了,妈妈连看都不看,那几张不及格的补考通知全被我丢进垃圾桶。老师知道我要移民,也不来烦我。那个时候,我从心底里觉得移民真好!

我们来到了温哥华,这里的风景实在太美了!天那么蓝,空气那么清新,整个城市就是一个大花园。我们到处转溜一遍后,爸爸妈妈就急着买房子。我们跟着买卖房屋的经纪人,在温哥华边上的小城高贵林市看了一栋又一栋的豪宅,一个比一个令人惊讶,那些房屋太漂亮了!屋子全都是装修好的,有的还连带家具,我们买下后搬进去住就行,没有那些装修苦恼。

我从来不知道我父亲是怎样发的财,怎么会有那么多的钱。同学们总羡慕我家有钱,我是独生女,我一辈子不用愁吃愁穿。只是,我从来没有想过这些事,家里的钱又不是我自己的钱,向妈要钱时她总是非常抠门,哪像我的同学们,家里没多少钱,但他们的家长都非常大度大方。

终于,位于高贵林的一幢豪华大别墅属于我们了,准确地说是属于我的,我名下的!我高兴极了。整个房屋装饰得特有气派,配有西式的整套家具,如果用富丽堂皇来形容,一点也不过分。爸爸答应我,我可以再选择一些自己喜欢的家具用品,把整个别墅打扮成一个温馨的家。

那几天是我最开心的日子,与爸爸妈妈到处逛商店,一个饭店接着一个饭店品尝美食。温哥华的饭店真多,那里的饭店超赞。我们每天一车一车地往家搬东西,看着客厅、厨房、书房内一箱又一箱的物品,看着地上一包又一包的东西,我们已经想不起那些箱子里、大提包和塑料袋里是什么东西了!我曾滚翻在特大的床上,对我爸妈喊道:"东西太多了,都迈不开脚了!哪天才能收拾完毕呀!"我嚷着,高兴地笑着。

没多久,我爸就要启程回国,因为国内的生意离不开他。他临走前一天,带我去了宝马车行,他要买一辆MINI车给我,让我选颜色。我真是惊喜若狂,我这个笨妞,根本不会开车,我爸却送了我一辆MINI车!当时,我真希望我们全班同学都在场,让他们看看我坐进自己车里的样子!我选了一辆暗红的MINI车,爸爸也认为这车挺适合我。我坐进车里,能闻到新车的那股特别舒心的气味。回家路上,爸爸开着车,我打开车里的环绕立体声音响,一路笑着,哼唱着开车回家。爸爸用遥控器打开车库,那是一个能容下三辆车的大车库,我的红色 MINI 亮铮铮地停在中央。爸爸让我把手伸出来,他将车钥匙在我手心上方晃荡着:"闺女,好好学开车!"我美得一整夜都在做开车兜风的美梦。

父母回流

爸爸一走,整个家就一下子黯淡下来。我与母亲的兴奋劲儿随着父亲的离开而顿然消失。

我是爸爸的宠儿,与妈妈关系历来不好。从小到大,我记不得我是否与妈妈单独生活过。我通常住在奶奶家,有时会去姥姥家,我爸妈来看我,实际上就是来奶奶家或姥姥家看我,总有老人呵护着我。

在高贵林的新房子里,只留下我与妈妈两人,这豪宅一下子没了家的感觉。纸板箱、塑料大包和手提纸袋仍然胡乱堆放在地。我妈比我还差,不善料理家务。我们两个懒人看着厨房里的油盐酱醋,锅碗瓢盆,谁也不想做饭。我妈除了打电话,还是打电话,无论吃饭时,还是半夜睡觉,总是铃声不断,话语不停。

艰难的日子就此开始。

家里的信箱天天有各种信件和账单塞进来,我妈妈把那一大堆东西丢到我面前,告诉我这些是我的任务,那些该交钱的账单,要尽快去交,政府有什么通知,千万不可马虎。她大言不惭地说,她不懂英语,她不管。我愣住了,不知如何回答。我知道,我只懂 ABC,那些英文字,就算它们认识我,我也不认识它们。

妈妈托人帮我找了一个洋人英语老师,一位退休的老太太。那老师挺和善,客气,文雅,有修养,笑眯眯地对我叽里呱啦、手脚并用地讲呀讲,我全然不懂,但我也满脸堆笑。上了两次课后,我无法忍受,我不愿意再这么装模作样。那老师被辞退了,我内心很过意不去,但我没有办法。

后来,我在社区大学的英语班上课,班上一半是华人,另一半什么族裔都有。这些华人学生中,只有我一个20多岁的年轻人,其他人看起来都比我爸妈的年龄还要大。他们老是像派出所警察似的盘问我,或像幼儿园老师似的管教我。我只有沉默,再说我也不是爱说话的人。

那天我放学回家,看见我妈呆呆地躺在沙发上,两眼通红,见了我更是一把鼻涕一把眼泪。她说她要马上回中国,机票已经订好,明天就走,而我则继续留在加拿大上学。我惊呆得不知说什么。等不到我发问,我妈就不停地咒骂或自言自语。她反反复复地、恶狠狠地说什么那个"狐狸精"缠上我爸了。我妈说她还没死呢,她要回去好好收拾那个"狐狸精",没有那么便宜就让"狐狸精"把家给毁了。我妈说什么我奶奶家穷,全靠姥爷的经济资助我爸才有的第一桶金,是我妈的周旋打点,我爸的生意才能兴隆发达。那个"狐狸精"不能抢夺她的位置……我妈的这些话我早就听腻了,大概什么人又对她报告了什么私隐信息,让我妈再一次发怒疯狂,疯狂到留下我一个人回国去。我妈说呀说,说到口干舌燥还停不下来,而我也没法清醒地思考我一个人将怎样在加拿大生活。

我已经睡意朦胧。

第二天上午,我被妈叫醒,她要去机场了。她说我已是成年人,她在我这个年纪早已外出做生意挣钱了。她让我在加拿大好好读书,今后找个好工作,尽早独立。

她头也不回地走了。

妈妈走后,我一个人在那空荡荡的屋子里,寂寞、孤独。我将所有电灯开着,电视开着,虽然我根本不看那些电视,但我需要电视里的人陪着我,说着话。

认 识 吴 刚

我还是照样去上学,在家实在太冷清。有一天,我在学校的走廊里看见驾驶教练的招生广告,这教练能讲中文。我顿时心血来潮,觉得那辆MINI车不能总放着,我要学开车。我拿出手机即刻拨了电话,一个稳重柔和、极具磁性的男声出现在电话的另一头。我只说了我想学车,他就非常干练地告诉我,初学者可以先用他的车,因为有安全保障系统,每小时40加元,每次至少两小时。如果没意见,他明天就可以来接我。我来不及细想就马上答应了。我们约好,第二天我放学后,他来我们学校门口接我。

放下电话,我觉得我的人生有了新的起点,我要学开车了!那个非常好听的男人的声音一直在我耳里回荡,我的孤寂冷清感一扫而光,急迫地等待着明天的来临。

初次见他时我就有点神魂不定,我被他深深吸引。他瘦高斯文,那五官恰到好处地呈现在他的脸上,一脸的温和善良。还是那个有磁性的男人的声音,耐心细致地解释了汽车的基本知识。我只注意了那个好声音,忽略了好声音所包含的信息。我战战兢兢地把弄着方向盘,但更多的是他在另一侧的辅助装置上控制着车辆。

开着开着,当我的大脑兴奋点正处最高位时,他说两小时已经过了。

"啊?哦?"突然有点失落,也说不出为什么。他答应第二天再来教我。

那天我激动得好久都不能入睡,满脑子都是那教练的和蔼可亲的样子,帅气,声音又那么好听。他整天外出教女孩子开车吗?他对谁都那么和气吗?他是中国来的吧?是哪儿的人呢?他家里有些什么人呢?他英语那么好,他几乎每一句话都会用中英文各说一遍,因为路考是要用英文的,他要让我熟悉路考时的英语指示句。我不知道他在哪儿学的英语?他究竟有多大?28岁?30岁?没那么老吧?我不了解他,唯一知道的是他叫吴刚——月亮里砍树的吴刚。

我每天想着与吴刚出去练车,我觉得我生活里最有意义的事情就是随着吴刚出去练车,我不知道我还有什么其他有意义的事情。吴刚有着那么好听的声音,可惜他话不多,只说一些简单话语。他从不打听我的身世,我也不是多话的女孩,我俩看起来总是专注于教车

你，会回来吗？
——心理治疗师与你对话生死

学车，可我的脑子里乱七八糟念头一大堆，只是不好意思启齿问他。几天下来，我只知道他是研究生，究竟在哪个学校，学什么专业，他都会巧妙地转移话题，或让我专注于开车的路况而避之不答。

那些天，放学后天天学习和练习开车，我没有时间去逛街，晚上天黑我也不敢出门，冰箱里空空如也，水果也没有了，如果再不买东西，回到家就没有吃的了。

吴刚总能在约定时间准时来接我。那天吴刚打开驾驶室的车门请我上车时，我停了一下，鼓足勇气问他："你能不能带我去超市买些吃的？家里没吃的了。"

"现在？马上去？"

"可以吗？"

"当然可是，不过我收费，因为我花费了时间。同样是40元一小时，可以吗？"

"没问题。能请你开车去吗？我不熟习路线，也不敢在那些地方开车。"

"没问题。"

他带我去了一个我与我妈从来没有去过的大超市，我趁这个机会买了很多东西。他什么也不问，不问我家有什么人，也不说买这么多方便面不利于健康。他应该是在加拿大居住了很久的人，我曾问过在加拿大什么样的面包好吃？什么样的速冻饺子最受欢迎？他都没有直接回答我，只说因人而异。

我好久没有这么放肆地买东西了，那天觉得特别爽，买了满满一推车。当然,他这种绅士般的男人会帮着我一包包提进房里,放到厨房里的桌子上。我家厨房桌上堆满了没洗的碗筷,地上都是擦过的纸巾,出门前压根儿没想到吴刚会进来,根本没有收拾。我觉得很不好意思,一个女孩的家那么凌乱。我忙着收拾,嘴里不停地说:"不好意思,家里太乱了。"他好像没有听见我说什么,对着我笑笑,放下东西,道声"我要走了",一副准备离去的样子。

我以为他至少会坐下聊聊天,喝口茶,吃点水果,但是他一副公事公办的样子,那我就赶紧从书包里掏出200加元给他,说了声"谢谢",就把钱包合上了。

他从裤兜里翻出40加元递给我:"4小时,160,这40还你。谢谢!好好休息。"他转身而去,挥一下手,走出了我家的门,随手把门轻轻关上。

继续学车,不过不再是每天练车。有时我忙,作业多;有时吴刚没空,但至少每周会学一两次。他每周会带我去买各种生活用品,有时还会帮我调试我的MINI车,帮我疏通堵塞的水池,还帮我翻译那些我查了半天字典也看不明白的信件。每次请他帮我做事,他都会温和地笑笑,"40?"我也大声地笑答:"40!没问题。"每次他回家前,我都按每小时40加元付钱给他,他总是微笑地说声"谢谢",从没拒绝。

我越来越依赖吴刚,似乎生活中少不了他。跟他在一起,我已经没有陌生的感觉,尽管他很少说话,几乎不主动开口,除非提醒我开车时要注意什么事。但我会掏心掏肺地谈我家的事,因为我太寂寞了,在加拿大没有一个朋友,国内的朋友因为时间差异,交流也越来越少。吴刚成了我最信任的朋友,虽然我一点儿也不了解他。

美　梦

圣诞前几天,估计吴刚跟我一样,放假没课了,所以我约他都能约到。冬天早上8点后天才开亮,下午4点钟就天黑了。那天下午练了一会儿车,天就下雨,雨中夹雪,冷风嗖嗖。我担心雪后地上滑,出门不易,就让吴刚带我去超市买了好些吃的用的。他还是那样绅士般地帮我把东西抬进屋子。

不知怎的,屋里一片漆黑。我通常都不关门厅和走道的灯,永远让它们大亮着。可是那天,全灭了,黑乎乎,阴森森,我害怕起来,用哭丧的声音大叫道:"灯怎么开不亮呀?"

吴刚非常沉着,他放下手上的东西,掏出手机,借用手机的光亮在电灯开关处拨了几下,后又抬头看看外面,然后告诉我:"停电了。冬天这种地方经常会停电,因为是老的住宅区,电线挂在外面,风一大,树被吹倒,树压下来就把电线折断了。没关系,电力局很快会帮忙修好的。"

"要多久才能修好?"

"几小时?一天两天?没人知道。"

"天哪!那我怎么办?别活了?"

"你站着别动,我去车里拿电筒过来。"

他拿了电筒回来后,从刚买的食品袋里拿出面包和酸奶,对我说:"你在哪个房间睡觉?我送你去房里,吃点东西就睡吧。"

我带着他走进我房间。他随后把最朝外的那个窗帘拉开了,顿时房内进来很多光亮。他说:"外面雪大,白茫茫一片,光会反射进来,背着你床,不怕暴露隐私。"

"有啥隐私。"我不知说什么好,就这么胡乱应答。我很感激他,我佩服他的沉着冷静,处理问题的干练和聪慧,但感谢的话似乎说不出口。我觉得我还是个非常中国化的人,不像学校里的洋人们,不停地谢呀、夸呀。我自己、我家人没有夸人的习惯,所以说不出口。

借着白雪隐隐的光亮,我能看见吴刚侧面站在我的面前,挺拔高大,富有立体感的侧面剪影显得非常英俊。有他在,我觉得踏实,温暖,心里充满感激,还有那种说不出来的愉悦情感。

"我要走了。"这句惯例的话语我听了无数次,但在这个黑暗无灯的夜间,我顿时恐惧起来,我一个人在这巨大的黑屋子里怎么办?外面大雪,我也没有地方可去。我全身肌肉紧缩,不知怎的,我扑过去,抱住他,在他耳边喃喃地说:"别走,陪我,好吗?"

没有这场雪,没有这份朦朦胧胧的昏暗,没有他在我害怕时给我的关爱,我对他的爱恋可能不会这样赤裸裸地迸发。我紧紧地抱住他,不停地说:"别走,陪我,好吗?别走,陪我,好吗?"

他直直地站着,没有一丝动弹,没有反过来拥抱我。过了好一阵儿,他似乎在犹豫中作出了决定。我只听见"500,好吗?"

我紧紧围着他身的双手松弛了,但没有放下。我不知道怎么回答?我有钱,我什么都缺,就是不缺钱。但他怎么能在我最需要他的时候开口要钱？

"哗,哗!"不知什么声音在黑暗中响起,我下意识地又紧紧拥着他。他也伸出双臂围在我背后,一手轻轻地抚摸着我的脊背,温柔地说:"别怕,是雪压得太沉,树枝承受不住,抖一下雪而已。"

我一直没有放开他。不知何时,我们已经躺倒在床上,仍紧紧地拥抱在一起。我不愿放开他。不知怎的,我成了他的女人。我知道,这一切都是我的请求,但他没有拒绝。

那一晚,是我终生难忘的一晚,那么美好、新奇、兴奋、满满的爱。对我而言,他是天下最好的男人!

奇妙的一晚让我睡得无比踏实。在我的记忆里,从来没有人抱着我睡过,从来没有人温柔地抚摸过我,没有!无论是幼时的小床,还是后来的大床,我从来是一个人睡,就是我病了,发烧了,奶奶也只在床边看着我。我是个缺少拥抱的人。如今,这个风度翩翩的男人,这个温柔体贴的男人,居然陪我睡了一宿。我躺在他的手臂下,摸着他的肌肤,那种沁入心脾的情谊是难以言表的。

"我要走了。"那个标准化的声音突然将我惊醒。我睁开惺忪的眼睛,看见吴刚已经衣着整齐地站在床边。

"哦。"我还睡意未消。

"我要走了。"他还是用那平静的语气说着。

我突然领悟,"500!"是的,他说过500!我从床上跳起来,赤身露体地跑到梳妆台前,打开那里的抽屉,从信封中一大沓百元钞票中抽出五张,转身递给了他。

"没暖气,挺冷的,快躺下。"他一边说着,一边把钱塞进大衣的内面口袋,数也没数。

我快步钻进被窝,看见的还是他的那个招牌动作:转身,挥一下手,大步离开。没有言语,没有吻别,即便几小时前他和我睡在一起。

他走了,但我还没有完全醒来。我将自己紧紧地裹在被窝里,一是为了保暖,二是不想让那股男人的气息散去。

太阳从那个没有窗帘遮挡的窗口直直射进房内,给屋子增添了不少温暖。窗外白茫茫一片,通过雪面反射的阳光特别明亮。

当我正沉浸于昨夜的美梦时,突然房内所有的灯都亮了起来,电视也发出了叽里咕噜的说话声。电接通了。

生活又恢复正常。

失　　望

我的生活回不到过去了,吴刚成了我日夜的思念。我时刻想打电话让他来陪我度过冰冷寂寞的寒冬,度过举目无亲的孤独日子,但是我不敢。我拖延着,一天,又一天,到第三天的下午,天色已黑,犹如深夜,我实在熬不住了,我给他打电话,只说了一句:"你晚上有空来陪我吗?"

"500。"

"没问题。"

"我9点到。"

他没有一句问候,没有一言关怀,可我已经兴奋之至。

我赶紧梳洗,整理睡房。我把屋里的暖气开得高高的,自己披上我妈给我的高级丝绸睡袍,我从来没有穿过,披在身上,果然有那份高雅的姿态。

我趴在窗台前,看着窗外,雪没有完全融化,路边的积雪被人踩踏后已经变得黑乎乎。街上静静的,不见行人走过。偶尔有车辆开来,车速很慢,估计路面很滑。我突然担心吴刚在雪地上开车会安全吗?他要开很多路吗?我不知道他住在哪里,曾经问过,他的回答好像是"不远"两字,我也记不清了。

等待是个难忍的时间。我抓了点薯片、巧克力,随便吃了一点东西,还烧了一壶热水。我躺在沙发上看电视,但是不记得内容是什么。

电视里《新闻联播》前奏曲响了,9点?《新闻联播》在这儿晚上9点正式播放的。我正庆幸9点到了,这时门铃也响了。他总是那样地准时。

开门见他,我来不及关门就紧紧抱住他。他一把抱起我,上楼,上床,又是美妙的一夜。

对我来讲,高贵林的生活是如此枯燥无聊,我唯一的喜悦就是吴刚来陪我。有时我们也去练车,去商场买东西,他还陪我去服装店挑衣服。他总是那么耐心,尾随着我,面带微笑地看着我试衣,总是点头。他极少言语,但我都无所谓,我自己也是寡言女孩。我常常会忍不住地呆望着他,他也静静地望着我。我时不时地找几句话说说,尤其在饭店吃饭的时候,在咖啡馆喝咖啡的时候,在公园里散步的时候,说话的总是我。他会看着我,点点头,笑盈盈,从不说 NO。我说他是笑面虎,是剥削者,他也是笑而不语。

我学会了看时间,有时我们在外面逛了三个多小时,我对他说,四小时没到,咱们再溜达一下,然后我总是按时数付费,从不拖延。偶尔口袋里没钱了,他会陪我去银行,等我取了钱再给他。

那段时间,我不在乎钱,爸妈给了我用不尽的钱。我需要有这么一个男人陪我,钱算什么?但是我不喜欢听他那每次回电话时永不变腔的"500"!如果我不回答,他也不说话,直到我说"Yes",他才回答我几点可以来。

后来我会把五张百元大钞扇形般地铺在床头柜上,一到床边他就能看见,免得早上问我要钱,破坏我的好情绪。

我们这样怪诞地交往了几个月后,有一天我忘了把钱事先准备好。早上他离开时,久违了的"我要走了"又将我闹醒。

"嗯,好吧,我再与你联系。"

他站着不动。过了一会,我又听见"我要走了"。

"你走吧!"他还是站在床前不动。我突然有一股怨气从天而降,我双脚蹬床,双手使劲扯拉被子,歇斯底里地狂叫:"你是什么东西?只要钱吗?你当我是什么?是召男妓吗?你给我滚!"我号啕大哭。

他丝毫不动,也不劝慰我。我越说越生气,好像很多难听的话都骂出来了。他仍然站着。我将被子蒙上头,呜呜大哭。

哭久了,哭累了,被子里闷不透气,我拉开被子,他不见了,他走了。

我突然觉得天已塌下。我瘫倒在床上,不知如何是好。

窗外,雨淅淅沥沥地下着,除了雨声,乌鸦叫声,一片寂静。电视也没声了,那是昨夜吴刚来后我关掉的。我无力地躺在床上,昏昏沉沉。

不知是下午还是晚上,也不知是深夜还是凌晨,窗外是黑的。我睡多了,腰酸背疼,我的头脑清醒起来。我回想起自己那愚蠢的举动,我后悔,我不知道没有吴刚的日子我怎么过?凭什么骂他呢?他不是有言在先吗?是我自己贱,我自己找男人来陪我睡,怎么去骂他呢?

回头一想,这个男人是个怪胎,没有正常的人情!他的眼里只有钱!钱!让他给钱砸死!我突然怒火揪心,忍不住又哭了起来。

后悔、愤怒、惋惜、生气、留恋、恐惧、害怕,反正各种烦恼的情绪紧紧缠绕在心。我不知道我的日子怎么过下去。

自 杀

温哥华的冬天雨多,阳光少。我很少出门,所以接收不到阳光的照射。医生说过,温哥华的冬天很多人患季节性抑郁症,是因为缺少紫外线的照射,缺少运动,从而导致体内的化学物质不平衡,情绪低落,抑郁症状就显现出来。

我整日无精打采,无所事事。满脑子只有吴刚,有情意绵绵的思念,有怨气冲天的愤怒。

我妈突然回加拿大了。她一进门就开口大骂我不回她微信,不接她电话,她以为我死了呢!

"是的,我死了。"我有气无力地回答。

母亲一看家里什么吃的也没有,拖起我就去饭店吃饭,带我去剪发。我们在超市买了很多东西回家。当然她来加拿大后更多的是不停地打电话。

一进超市,我就想起吴刚,一进饭店,我脑子里还是吴刚。只是我妈话多,不停地说呀,问呀,没有给我思索的时间。

夜深人静时,我知道我妈不是因为没有我的消息而来加拿大,而是因为她与爸爸赌气,搞了个"失踪",想引起父亲注意。谁知她一到加拿大就熬不住打电话给我爸,说我不会生活,不努力学习,瘦得皮包骨头,什么什么的,还得让我爸为我操心。

我妈来时,正逢中国春节假日。我原以为还有人关心我,结果她不是为我而来。没有期望就没有失望,我没期盼她回来,我已经忘记春节这个概念,所以没有什么失望。但是她来了,我知道了她不是为了我而来,只是与爸赌气,我反而觉得很难受,心里不是滋味。

我妈在家待不住,每天去这去那,我也跟着外出。治疗抑郁症的一个简单方法就是外出走走。我跟着我妈一星期走下来,情绪略有好转。

一周后,妈妈回国了。我决心回校继续学习,重新开始生活。

2月29日是我生日,4年才过一次。

那天下午没课。我一个人不由自主地走到学校附近的海边。

海边冷风飕飕。海浪拍击着岸边的砂石,海水涌来,马上退了

你，会回来吗？
——心理治疗师与你对话生死

去,没有片刻的滞留。远处朦朦胧胧一片昏暗,分不清是海还是天。海天相连。雨滴滴答答地下着,海浪没有给雨水留下入海的痕迹,雨水在海浪里消失得无影无踪。打落在岸边的雨水,很快地渗入到卵石缝里,枯枝间隙,只留下湿漉漉的残迹。

我听着那海水呼叫的声音,听着岩石忍受拍打的怨声,听着枝叶挽留雨水的淅沥声,心中一阵凄凉。我在海边直直地站了好久,身体冻得全身肌肉紧张,微微颤抖。海浪已经缓和,潮水涨了过来,海岸线已向陆地拓展。原本阴暗的天变得更为昏沉,乌云压来,雨水飘落。

我转身离开。

回家途中,经过一家华人糕饼店,听同学们说过那儿的栗子蛋糕特别好吃,可我从来没有买过,买那么一大个圆形生日蛋糕,我一个人吃不了。转念一想,这是自己4年难得的一次生日,自己犒劳自己一下。我走进去买了一个特大的栗子蛋糕。

回家后,我把蛋糕放在睡房的茶几上,一个大大的蛋糕铺满整个茶几面。蛋糕上插了一支蜡烛,过了儿童期,蜡烛只能用一根,我不愿意让别人知道我几岁,我自己都不愿想自己又老了一岁。

窗外树枝上的叶儿全都掉光,张牙舞爪的树枝在寒风中颤抖。天色昏昏沉沉,路灯刚刚亮起,我一个人在空荡荡的大屋子里过我的生日,没有亲人陪伴,没有朋友为我唱生日快乐的歌。爸妈微信上的几句空话我不屑一顾,想我的话,为什么不来陪我?为什么丢下我孤零零的一个人?爱我的话,为什么不体谅一下我的感受?为什么要把我遗弃在万里之外?我在这个举目无亲的地方,终将寂寞而死。

我不由自主地想起我唯一思念的人——吴刚,不知他在哪儿?在干什么?或许他能陪我度过这个凄凉的生日。那个时候,吴刚所有的魅力涌进我的脑子,我希望他即刻来到我面前。我没有任何思考和犹豫,一下子拨通了他的电话。

"Hello,"那个陌生又熟悉的浑厚男声,那个能将我陶醉的美妙的声音,那个地道的好声音。

我战战兢兢地向他问好,说起今天是我的生日,4年一次。我一个人,孤苦伶仃,非常想他,问他有没有时间来陪陪我。

"生日快乐!"他温柔地贺道。

稍稍停顿一会儿,我清晰地听到"五百"两字。不知怎么,这两个字像雷电轰击了我的脑袋,突然我懵住了。"五百?"在我生日之际,在我如此难受的时候,他只想着钱?他难道就没有一丝的怜悯之心吗?难道他能在这个时候开价吗?我是谁?他是我的什么人?

我拿着电话,不知怎么说,电话那头也没有任何声音。

我不知道那时我的脑子在乱思乱想什么,还是脑子里一片空白,只是,我知道我一直没有说"Yes",没有说"好",没有说"可以",也没有说"没问题",因为我不知道要说什么。我不知道那个沉默的时间有多久,但我清清楚楚地知道他没有挂电话。

我突然把手放下,电话挂了,无意识地挂了,肯定不是我作了决定后挂的,是老天让我挂的;是命运让我挂的;是神是鬼,是他们让我挂的。

电话挂断后,我知道我与吴刚的关系彻底断了,是我自己斩断了这根救命稻草,是我毁了我自己。

我很难受,我心痛,那种心脏被揪拧的绞痛,眼泪哗哗直流。我跪倒在那黑暗中显得更暗的栗子蛋糕前,我觉得我要死了。

泪水模糊了我的视线,窗外的昏暗让我看不见光明。我想,我妈妈应该在数钱吧,她的生命中最重要的就是挣钱。我算什么,我只是她的一个累赘。我死了,她就不会唠叨我花钱多了。

我爸是好人,可惜那些"狐狸精"比我更为重要。爸爸,当你搂着那些"狐狸精"时,你知道你的女儿的悲哀吗?

奶奶、爷爷、姥姥、姥爷,可怜可怜你们的孙女吧!她被父母抛弃在万里之外,不能来孝敬你们。奶奶,我多想与你们一起生活呀!

吴刚,你是我人生中最最思念的人,是我把你推出去了。我内疚,我自责,我为什么要挂断那个电话呢?我在乎钱吗?钱算什么?我有的是钱。如果你能来陪我度过那个寂寞的生日之夜,那该多好?我为什么挂掉那个电话呢?我能再打回去吗?我给你"五百"!"五千"!钱算什么!那我真的在雇男妓吗?不是,吴刚,我是爱你的。我想你也是爱我的,如果你不爱我,只为钱,你能对我那么温柔吗?能那么激情奔放吗?我相信你是在用那种我弄不懂的方式来爱我。如果你只为钱,你可以骗我钱,以你的聪慧,我绝不是你的对手。可是你没有,你君子坦荡荡,从来没有欺骗过我。若你骗财,你向我求婚我一定会答应,那么我的家当不就是你的了吗?可是你没有。你是君子,我是混蛋!

我为什么要活在这个冰冷的世界里受苦?我死了,就安息了。

去天堂,去地狱,我不在乎,我不懂那些,我也没有宗教信仰,我只知道我是一个弱小的女子。

我反问自己,我有什么留恋的吗？没有,什么也没有。死是最佳选择,就这样躺着,死神就会降临,因为我已经在死亡的路上了。

重 生

送进医院后的药物治疗是很有效的,服了几天药后,人总觉得疲倦、嗜睡、没有精神。尤其不能适应的是自己好像是个木头人,没有情感反应,不知喜怒哀乐,呆呆的。人们都说抗抑郁药会令人痴傻,那时我就担心我今后会成个呆子。

不过这种感觉不久就消失了。药物调整之后,情绪明显好转,现在以小剂量维持着,也许不久就能彻底停药。

抑郁症的治疗应该是生理-心理-社会性的综合治疗。抑郁是因为脑内化学物质的不平衡,所以药物进去后,病情明显好转。我会记住医生的叮嘱：自己不能擅自停药,因为那些通过血脑屏障的药物会反馈性地抑制脑内化学物质的分泌,因此一定要遵医嘱老老实实服药。今后病好了,需要减药或停药,也要听医生的,逐渐减少药量后才能完全停止服用。

我懂得了药物治疗只是帮助我的情绪维持一个平衡状态,要真正积极应对生活压力,那需要心理治疗。

几个月的心理治疗,我受益匪浅。我看到了你们是如何一步一步踏踏实实地做心理治疗的：

首先是危机干预。生命最为珍贵，没有生命，其他的工作也就不存在了。加拿大的心理治疗部门的紧急反应服务比较周到，在必要时，他们会派出精神科护士到病人的家里进行心理状态评估。一旦遇到需要立即救治的病人，遇到有生命危险的人或有严重自杀倾向的人，他们将病人立即送到医院，以维持病人的生命安全。

其次是稳定情绪。他们从生理、心理和社会三方面协同调节病人的心理健康。

最后是问题解决。确实是，如果问题和障碍始终存在，那病人的情绪将会受到波动。我针对上面三步骤分析了自己的情况，危机已经过去了，情绪还算稳定。最后一步是妥善地解决自己的问题。

我经过认真细致的考虑后，决定回国去学习。加拿大很好，但是不适合我。我应该选择我自己喜欢的事情做。我准备回国继续读书，争取考进正规大学学习心理学，将来当个心理治疗师，为那些心理有痛苦的人化忧解愁。

老师，您知道吗，那天医院里的社工问我，打电话通知他们到我家来看望我的那个人是个男的，问我知道是什么人？我回答我不知道。

现在，我想我应该知道了，那是吴刚。因为在加拿大没有第二个男人清楚地知道我家地址、我的状况。我分析，吴刚在我挂了电话后一直在担心我，他应该每天都来我家看过，所以他能肯定地告诉社工，我家门口的报纸没有动过，所以我没有出过门；我的车没有开启过，因为那堆树叶一直都在。同时也可以确定，没有其他人进出过我家,我妈应该没有来过。他再三肯定地告诉社工,有一个女孩将自己关在屋里四天了,而且情绪非常不好,要求心理卫生部门无论如何一定要派人来检查。这不是吴刚,还有谁呢?

老师,您说我的分析对吗?

老师,假如今后您有机会发表这篇文章,假如吴刚与你联系,请您转告他,我谢谢他救了我!我谢谢他给了我那些美好的时光!真的,我非常非常感激他。

怎么活？

自 杀 未 遂

寻求心理治疗是因为我已经决定不死了。但是,我不知怎样活？我自杀了两次,都没有成功。

我不想再自杀了,因为如果我再自杀的话,可能还会死不成。我深信我哥哥会感知,他不会让我死,所以我自杀不会成功。

我和哥哥是双胞胎。我们彼此间有着相通的心灵感应,或许人们会觉得不可思议,但事实就是这样。我们能知道对方的情绪、感觉,但是不一定知道那些情感和感觉的刺激因素。好像量子力学里的量子纠缠,两个粒子相距遥远,但是一个粒子的行为将会影响另一个粒子的状态。

在我很小很小的时候,我就知道我哥痛,我也会痛;他难受,我也会难受。同样,我难受了,他也会不舒服。

小时候,我哥哥很淘气,妈妈老揍他。他被打时,我会感到痛。我病的时候,他会全身不舒服,不停地闹腾。这并不是说我看见妈妈打他才难受,也不是他看见我病了才不舒服。我们小时候,爸爸妈妈没法管我们两人,我从小就被送去外婆家生活。我哥哥住自己家,与爸妈生活在一起。尽管我俩不住在一起,但我们两家离得很近,我几分钟就能跑回爸妈的家。只是,我不爱回家,基本上是我哥哥每天过来找我玩。

有一天放学回家后,我突然感到自己的腿不自在,不灵活,很不舒服。我回家后就不停地揉腿。外婆问:"你怎么啦?腿疼?摔啦?"

我突然感到我哥摔了,我撒腿就跑回爸妈家。外婆在背后嚷着:"你去哪儿?"我头也不回地冲出去。

果然,哥哥的膝盖摔伤,血黏糊糊一片。我赶忙帮哥哥擦洗伤口。

"你怎么会来?"哥问。

"我的脚也会痛。"我答道。

"我知道你会来,"哥一点儿也不惊奇。"帮我倒点水,弄点吃的。"他老这么依赖我,听从我。我好像是他妈,是他姐,我也习惯如此。

在小学读书时,有天下午我们有测验。我刚开始做题不久,肚子就不舒服。我忍着,继续做题。后来感到肚子越来越不舒服。我就对老师说我肚子痛,要上厕所。老师让我去卫生所看看。我去了厕所。

你，会回来吗？
—— 心理治疗师与你对话生死

我忽然感到是我哥有问题，我不吐也不想拉，一定是哥哥出问题了。

我没向老师请假就跑回家。

果然，哥哥在家又吐又拉，病得厉害。他是那种不愿诉苦的人，病了也不告诉爸爸妈妈，经常是我打电话叫妈妈带他去看病。那天，妈妈接电话后总算早回家了，带哥哥去医院输了液。他恢复得很快。哥哥病好后，我妈就开始责备我，说什么哥哥生病，你没病，干吗逃避测验？你怎么能擅自离校？他病，父母会管。

我和哥哥谁都不说话。我们从来不对父母说任何有关我俩有感应的事，父母也没时间管我们，他们永远是工作至上。我与哥自幼就有那种默契，这是我俩的事，与任何人无关。这类事情举不胜举，我们就这样一起成长，经常相互感应着，习以为常，不足为奇。

但是，我也有不知如何应对那份感应的时候。

自杀那天，上午我把房间收拾完后，给哥哥打了个电话，问他今天会不会下雨？要不要带伞？其实我只想听听他的声音。这种"要不要带伞"的问话在我俩之间并不奇怪，因为哥哥关心天气预报，我懒得看，基本都问他，他总能回答。

但是，那天他没有回答我的问题。他问我："你怎么啦？"

我没吱声。

"中午到我这儿的四川饭店吃饭。我马上要开会，一会儿见。"

我放下电话，穿戴整齐后就出门。没有带伞，拿了一百多元作为车费的钱，其他什么也没有带。因为我不再需要。

我原想坐出租车，后来怎么走到公交车站了。想想也不用着急，公交车里没几个人，坐在里面也挺好。

那天，我心已经完全平静，全然没有前些日子的烦躁和痛苦。死，也许是治疗情绪病的良药。

我转了两次车才到郊外的一个小镇。镇边有个小树丛。小径穿过树丛，沿着小径弯弯曲曲一路往上爬，到了坡顶豁然开朗。山坡一侧是悬崖，悬崖下面是一片绿油油的农田，宁静，旷怡，没有城市的喧闹。那是我哥发现的心灵宝地。每当我与哥哥心里烦躁的时候，我们就会来这儿坐坐，看着脚下的绿田，眺望远方的树林，清洗脑子里的烦恼。我们曾说过，一个人想死，就该死在这种安宁的地方。

我独自坐在悬崖边。我想，我只要纵身向前一跳，万事皆了，多好！没有烦恼，心也不会再痛，不再怨恨。我的人生是畸形的一生。没有人知道我的痛苦，我哥知道我近来一直不开心，但他不知道为什么。我不会告诉他，我不要他伤心，我不要他像我一样，被痛苦煎熬，但又走不出那个阴影。

我静静地坐着，时间在流逝。我心里很安宁，悠悠散散，就像哥哥说的那样，我们可以在这儿洗洗混乱的脑子。不过，我已经不需要洗脑了，那些心理垃圾、罪恶、卑鄙、羞耻，以及一丝丝可怜，都将随着我的消失而泯灭。是的，我将带着我的清高与自卑、我的聪慧与愚昧、我的善良和丑恶、我的欢乐与悲哀、我的爱与恨一起滚到另一个世界，尽管我不知道另一个世界在哪里。

我坐着，忘了时辰，忘了心痛。我觉得我该走了。只是那一刻，

你，会回来吗？
——心理治疗师与你对话生死

我想起了我哥哥，他是我世界上唯一会想念的人。我知道，我哥哥也会思念我。我不知道在另一世界是否还存在这种思念。我闭上了眼睛，眼泪不由自主地流下。

有人给我擦眼泪。一睁眼，突然看见我哥哥就坐在我身后边。

"你为什么会过来？你为什么会过来？"

我使劲地拍打他。

他紧紧地抱着我，一言不发。他的泪与我的泪混在一起，滴落在我脸上、手上、身上、腿上。

我们一直无言地坐了很久很久，天已经漆黑，只有远方的灯光在闪烁。哥哥终于站了起来，把我也拖起来，拽着我下山。

他一直没有开口，一句不问，一言不发，一切尽在不言中。他是了解我的，我不想说的，问也无用；我愿意分享的，我自然会告诉他。没有人比我哥更了解我了。

我也一路无言，坐在他车里，随他开去哪儿。

已过晚餐时分，四川饭店仍开着，空荡荡，客人们基本吃完走人了。哥哥要了满满一桌的菜，可我们谁也不想吃。走时，桌上还是满满一桌的菜。

他让我上了他的车。在车上，他给他女朋友打电话，让她不要过去，他有点事，以后再与她联系。话毕，转过脸对我说："别回去，住我那儿。"

"不去，送我回家。"

"你知道我们的心是连着的。你痛，我也痛。你死，我也会死，你知道吗?"

他几乎是在嚎叫。我从来没有听见他这么对我大声喊叫过,从来没有,叫喊的人历来是我。

我吓着了。我不敢像平时那样对他耍性子,只能由他开车把我载到他家。他把我安顿在他的床上,我迷迷糊糊睡了。睡得很熟,我好久好久没有那么踏实安稳地睡过了。

我醒来已近中午。我看见哥留给我的纸条,他有事外出一会儿,马上回来。

我给哥打了电话,对他说我得回宿舍换衣服,不用送饭过来,我自己能搞定。

他跟往常一样,老实乖乖地说:"好,我知道。"

虽说他是我哥,实际上他只比我大一两分钟。妈常说,如果不是剖腹产的话,肯定是我先出生,他晚生,我该是姐姐,他是弟弟。我出生时的体重还比我哥重一斤。我俩在一起时,我像姐,他像弟;我嘴硬,个性强;哥话少,性子随和,总顺着我。

我不得不又回到原来的生活,那个我想逃避的生活。我对我哥说"我能搞定",实际上我仍无法面对现实,还是搞不定。我考虑再三后,决定去南方,到一个谁都不认识我的地方,重新开始自己的生活。

失　　恋

我在大学里学的是外贸,英语还行,在南方很快找到了工作,收入不菲。工作之余,我就在酒吧耗日子。我抽烟酗酒,与老外打情卖俏,经常喝得醉醺醺地回家。

我哥哥来看过我几次。我知道他不喜欢我抽烟喝酒,但他又不好意思说教。我逗他,给他灌酒,让他抽烟,要他体验我"享受"的乐子,谁叫我们是心连心的双胞胎。

我到了南方后,随着时间的推移,渐渐地淡忘了那场被强奸的悲惨经历,我居然傻到自以为过去的已经过去了,我可以开始新的生活。

我的一个客户是瑞典人,帅哥,浅色金发,皮肤很白,眼睛透蓝,典型的北欧男人。他对我有意思,经常约我出去玩,请我吃饭。

我曾犹豫过是否还要交男朋友,但我经不住他对我献殷勤。我内心也奢望着他能帮我"改邪归正",就像普通人那样相亲相爱,安安稳稳过日子。其实,幸福不就是那种安逸的、不张扬的平淡生活吗?再说,他是老外,他应该没有中国人的那份含蓄的卑劣。

我又一次陷进爱恋泥潭,喜欢上了那个瑞典人。我有着那种平静的自然思念,一直想着他,想听他说话,想跟他在一起。他善解人意,通情达理,富有绅士风度,而且他学识渊博,更不用说他还有一双深情迷人的蓝眼睛。

自然,他渐渐地进入我的生活。

那是他第一次睡在我家。他温柔地抚摸着我。一开始我很享受。突然间,既往恶毒恐怖的一幕闪回到了我的脑海,我突然紧张万分,感到自己似乎回到了过去的那个被残暴强奸的场景,我全身发抖,抽搐,意识恍惚。

我可恶的、怪异的、不近人情的、莫名其妙的反应吓着了那个瑞典人,他立刻止住,惊慌失措,以为他做错了什么。

看到他那内疚恐慌的模样,我彻底崩溃了。我知道我走不出那个魔影,魔鬼一直会跟着我。我泪流不止。

我强烈的情绪反应让瑞典人困惑,迷茫。他说了声对不起,走了。

我无脸再见他,我无法向他解释。他来过无数的电话,我一个都没有接。我不知道我能说什么。虽然我多少次想去见那个瑞典人,想掏心掏肺地说出我被魔鬼强奸的过去,但是我没有勇气。

我几万次地对自己说,这不应该是我的错,我是受害者。但我怎样向人家启齿?向谁诉说?卑鄙,不要脸,我不想别人给我扣上那样的帽子。我想杀了那个恶魔,但他溜了。

我经受着失去那个瑞典人的痛苦,又返回到那永远甩不掉的悲伤阴霾之中。我知道那阴霾会一辈子伴随着我,让我永远不得安宁。

其实,我一直在自己骗自己。到南方后,自以为苦难已经过去,我可以继续自己的生活。但是,我没那么好运,噩梦般的阴霾是永远驱散不了的,我逃不出苦难的深渊。

那次想自杀被我哥救起时,我看到了我哥的那份悲伤,我知道我死了,他也会死,我们的心灵是相应的。我曾设身处地想过,假如我哥自杀了,我会怎样?答案是:我也毫不犹豫地跟着去死。如果不死,我承受不了我哥自杀后留在我心中的那种与众不同的悲痛,我的心会被他拖走。所以,我也会死。谁让我们是双胞胎呢?

你，会回来吗？
—— 心理治疗师与你对话生死

我知道到我的灾难与我哥无关，我不能因为我的自杀把他也拖入死潭，所以那次我没有执意去死。

可是，这次与瑞典人的恋爱经历告诉我，我永远无法摆脱那个阴霾，我将被那阴霾笼罩折磨终身。

那天瑞典人离开后，我的噩梦连连，我的创伤再次袭来。它时不时地把我拖回过去那恐怖的日子。我会突然发呆，整个人都僵住，感到自己快要憋死；我经常在噩梦中吓醒；我似乎返回到了那个恐怖的地方。

我病了好多天没上班，无法在家休息，整日晃荡在大街上，醉倒在酒吧里。我会突然怒气爆发，丧心病狂地吼叫，搞得周围的人要拖我去精神病院。

我陷入深深的抑郁之中，整日躺在床上，控制不住的泪水，流了又流，留在唇边，咸涩涩的。我对人世间的事情没有了兴趣，甚至没有了饥饿的感觉。

我想着死亡，想着那种一了百了的痛快。如果上次我死了，我就不会有现在这份痛苦。与其今后一直这样浑浑噩噩度日，没有爱情，没有平静的家庭之乐，一辈子被阴霾纠缠而不能自由生活，没有光明之日，那我还有什么必要苟且度日？既然死神现在不来召我，还要折磨我，那我只能自杀，自己跑去见死神。

想通了，又有了那份平静之心。我辞了工作，退了房租，准备回北京。我把我在南方所有的东西都送给公司里新来的员工。她很好奇，使劲往我包里塞东西，劝我多带一些替换衣服。我一笑了之。

什么都不要,命也不要。轻松感油然而生。

第二次自杀

回到北京,我在一个小旅馆住下。我打电话告诉我哥,说我出差已回京,让他请我好好搓一顿。

我掂量了很久才决定打电话与我哥联系,主要是我需要我哥来收尸。我不想给当地的片儿警添麻烦,让他们为无名尸兴师动众。世界上没有多少人关注我,我悄悄地来,悄悄地走。

与哥哥吃的那顿"最后的晚餐"很精彩。我要求在京城的大酒店吃饭,狠狠地宰了我哥一顿。我不内疚,我自己还有一点儿存款,我都安排好转交给我哥了。我不停地喝那些高级酒,不停地抽烟。那天我还穿得特别性感,我认为自己挺时尚的。后来我满嘴胡话,醉得不像样,我哥就拖我回到旅馆。

其实,我脑子还算清醒,我对哥说:"你这么绅士风度的男人带个妓女样的风骚女人进出酒店,给你丢脸了,对不起!"

到旅店后,我把哥推出门外,关上门,自己坐在地上痛哭。

我哭停了,听见哥在外面说:"好好睡,我明晨送早点过来。"

外面静静的,没一点声响,我知道我哥走了。

我在浴室里洗了很久,我要洗干净身上所有的酒气烟味,我要洗掉那些埋在我体内的肮脏。我搓到皮肤都发红了,那些肮脏还是洗不掉。难道它们要跟我一起进坟墓吗?

你，会回来吗？
—— 心理治疗师与你对话生死

不！不要！

我洗到筋疲力尽，只能停下，换上了自己最喜欢的那套乳白色的职业套装，那是哥哥送我的生日礼物。我爱乳白色，我渴望着纯洁，我这个肮脏的人，至少外表要纯洁。

我已经观察过，小旅馆房间的顶上有根暖气管穿墙而过，正好可以派上用处。我把床头柜挪到墙角边，爬了上去。我拿出哥哥送我的长长的丝绸围巾，将它挂上暖气管，绕个死结。我使劲拉拉，很结实。我把房门锁打开，我不希望我哥砸门进来，毁了公家的东西要赔钱的。我死在这里已经破了人家的风水，对不起了，不能再毁公物。

我爬上了床头柜，站了上去，将自己的头套在丝巾上。我说了声"哥哥，天堂见！"然后一脚踢倒脚下的床头柜。

没死成，还活着。

活着是好还是不好，我不知道。

那天，在那小旅馆，我的灵魂已经上过天。我将自己悬挂在那个暖气管上，整个人悬吊在那个漂亮的丝巾上时，我的灵魂上天了。

就在那一刻，我哥一脚踢开门，冲了进来。那门没锁，虚掩着，一踢就开。他救下我。他把我放到床上，一句话都不问，他头趴在我胸前，我那心爱的乳白色套装的胸前被泪水浸得湿漉漉的一大片。

没有声响的哭泣。哥哥呀哥哥，你痛苦时也会这样高雅！我突然会蹦出这么一个奇怪的想法。

我闭着眼，知道周围黑蒙蒙一片。我闭眼也能看见那条艳丽的丝巾在黑暗中成了灰黑色，一动不动地挂在暖气管上面。窗外的街灯光亮从窗帘的缝隙中穿了进来,将丝巾投影到墙上,形成一个奇形怪状的黑圈。

我脑子里一片空白,不知时间是否停止。

我醒来时,太阳满屋。看见那根暖气管还悬挂在那儿,丝巾没了。

"你醒啦?"

我看见一个人跪在我床边,满脸是泪。

他开口了:"昨晚我就知道你情绪不对头。我在回家的路上,心很痛。我又折了回来,车停在这旅馆的路边。我非常难受,透不出气,几乎要憋死的感觉。我听见你叫我。我就冲进来了。老天呀,晚一步怎么办?我告诉你,你死了,我也活不成。你知道,我们不仅是身体的双胞胎,我们也是灵魂的双胞胎。你一直折磨你自己,其实你也一直在折磨我。你不要一个人先走,我们一起来到这个世界,我们就一起离开。"

他没有继续说下去,我也没有解释,仅有两人无声的眼泪。

我俩相对无语。

天哪?我该怎么办?

夜深。满屋烟雾腾腾,哥陪着我一支又一支地抽着烟。我没法向他解释我为什么要这样做。我感谢哥从来不会刨根究底地盘问。他静静地陪着我伤心。其实,我非常恨我自己,谁要这样的女孩当妹妹?不幸的哥哥呀,命运为啥让你摊上这个不可救药的妹妹!

哥从来是无条件地宠我,宠我的霸道,宠我的无理,宠我的不解人意,宠我的孤僻,宠我的我行我素。我经常对着我哥嚷嚷,让他不

你，会回来吗？
——心理治疗师与你对话生死

要管我，随我去自作自受，随我去自行自灭。他总是傻傻地看着我说："你死了，我怎么办？我不是救你，我是救自己，我心疼得受不了。"

终于，哥趴在床边睡着了。

寻 找 活 路

我决定不死，不再自杀，我不忍心折磨我哥。

但是，我怎么活？

我拜过佛，烧过香，聆听舒心活血的冥想音乐。但是，我自己觉得自己六根不净，心怀杂念，有愧于佛，我擅自离开。

我踏进神圣的教堂，我想祈祷，想忏悔。突然心里一阵疼痛，是我该忏悔还是那个魔鬼该进地狱？我不知道，我只有撒腿而跑。

我自己救不了自己，我去拜见心理医生。

心理治疗是有用的，至少在治疗的那个时刻，或在后来某个时刻，能让我心宁气平，唤起某种久违了的积极心理状态。

他们问过我是否想起诉，是否想将那个强奸我的恶魔绳之以法。我毫不犹豫地回答：不！

那场悲剧已经把我推向深渊，我不愿再去回想那个恐怖的情景，不，我不愿意。报仇有各种方式，我深信恶棍自然会受到应受的报应。

在接受心理治疗的过程中，行为治疗教会了我一招：在情绪抑郁时，首先要让自己的消极思维被躯体的运动所主宰。我不需要刨根究底地苦苦思索为何如此？为何是我？通常一个人无法阻止那些折磨人的、永无答案的消极思维,所以,我不再问任何所以然,只是投入躯体运动,跑步、健身,通过促进交感神经系统的兴奋来激发脑内激素的分泌,改善因脑内化学物质不平衡所引致的抑郁沮丧。

人是有头脑的,虽然我无数次想抹去那些痛苦记忆,但就是做不到。于是,认知心理治疗参与进来,让我从自我认知的改善来改变自己的情感与思维,将人体的思维-情感-行为这三角形循环系统由负性循环转为正性循环。也就是说,人的悲伤思维会导致抑郁情感,忧郁情绪又导致消极行为,这样的负性循环周而复始,人就变得越来越抑郁。心理医生帮我扭转这样的负性循环,从改变自己的行为开始。我这么做了,参与了一些健身运动,运用认知行为疗法驱除了某种抑郁症状。

心理上的那个阴暗情结还在,时不时地闯入我的意识,在我的梦中出现。心理动力学派的心理医生曾对我进行精神分析,让我知道了童年时父母对我的摒弃和疏忽会在我的无意识中留下阴影,操控我的意识与行为。我懂得了梦是无意识的显现,噩梦实际上表示在我无意识中受创伤的情结一直在争斗厮杀,只要情结不消,噩梦就会不止。我曾躺在治疗椅上自由联想,掏心掏肺地诉说自己的苦难。

后来,心理医生告诉我,我患上了创伤后应激性心理障碍(PTSD)。创伤的阴影会一直缠绕着我,久久不退。

我又被击倒,我无法想象再被折磨几十年。我老老实实地顺从医生的转介,踏进专门治疗创伤后应激性心理障碍的"眼动治疗"(EMDR),通过眼球的运动来干扰脑部的病态记忆,减少痛苦记忆对

你，会回来吗？
—— 心理治疗师与你对话生死

脑部的长期影响，使参与大脑的信息处理机制能恢复正常运作能力，从而减轻现有症状。

生活平淡无趣，日复一日。生活仍有风吹草动，无意识里冒出的魔鬼常常会悄悄地拽着我走向自杀边缘。但我刹住了，因为我还有一个要牵挂的哥哥，当然也不能抹杀心理治疗的效果，让我还有那一丝丝最后的自制力。

那个周末，我哥约我去吃饭，就我俩，他女朋友没去。我有点诧异。他带我去了一个我从未去过的饭店，看来他早已订好了一间小包房，里面只有一张最多能坐六七个人的小圆桌。房间昏暗，四周被暗红色的木板墙围住，似在一个涂满陈旧残血的黑洞。

哥一反常态地自己向服务员要了酒和一些凉菜。之所以说违反常态，是因为点菜要酒的事历来是我的任务。那天，没问什么，随他安排。我不想看我哥的脸，不知怎的我自己也感到满腹悲伤，有着无名的苦痛，道不出的凄凉。

我与哥相对而坐，无言，周围无声。我们喝着闷酒，抽着烟，谁都难以扒开那压得我俩都喘不出气的沉重的紧身箍。

许久，我哥喝下一大口开口说话了："我们一起死吧，我陪你，我不用承受那份痛苦，你也可以解脱。我再也不拦你，我们一起去死，你得到解脱，我也获得安宁。你说吧，怎么做？"

我不知道我是清醒还是糊涂，我从没想到我哥会陪我去死。他为什么要死？该死的人是我！

心中的火山突然爆发，烈焰窜进大脑，滚烫滚烫的岩浆冲进我胸腔,我的心肺,我的全身,我怒不可遏地吼了起来:"你为什么要死?我苦苦挣扎,我抬着沉重的双脚踏进心理诊所,我向心理医生交付了昂贵的治疗费用,我为什么?我不愿意去死!你知道吗?我不想死!我再苦也要活,因为我知道,我死了,我的哥哥也会死。我不要你死!我们的心是相通的,我们是双胞胎!是心心相连的双胞胎!"

我喘了口气,继续吼叫,似乎心中的怒吼不发泄出来我会被憋死。

终于,我平静下来了,抬头看见我哥眼睛通红,满脸泪水,像个犯了错的小男孩。

我明白了,为什么我尽了那么大的努力,仍是忧郁消沉,心痛不止,原来我哥也患上抑郁症了。他原本就是那个不敢大喊大叫的抑郁个性,长期被我折磨着,能不抑郁吗?

我俩都病了。我的创伤悲痛让他同样感受了无法克制的难受,几乎跟我一起掉进地狱。我为了我哥,挣扎着想活下去的时候,他的抑郁情绪又想拖着我一起自杀!

天哪,我们为什么如此悲惨!

在那关键时刻,我居然想起心理医生对我说的一句话:"自杀并不是为了了结生命,而是为了解除痛苦。"我哥不该死,他只是太痛苦了。他那么善良、那么优秀、那么帅气,那么一个大好人,怎么能为我而死呢?

"我要救我哥!"一道闪电打到我脑海,让我清醒过来。

我踢开椅子,冲到我哥面前,跪到他膝下,摸着他的面颊,恳求道:"哥,我们不死,我们想方法去解除我们的痛苦。我们要活下去!我会再努力,我会好起来的。你也要好起来,你抑郁,你想死,那我也爬不出来了。我已经努力了这么久,我再试试,你给我一点时间,给我一点机会,行吗?"

我的祈求奏效了。后来我才知道,帮助人的最好方法是让对方也燃起助人的欲望。

我哥听了我的祈求,燃起他的怜悯之心,他要给我一点机会。他搁下了自己的绝望计划。

我哥的自杀企图激发了我要救我哥的欲望。我内心犹如火箭迸射,充满能量,我无论如何不能让我哥为我去死。

我哥不愿去见心理医生,我不能强迫他。我继续求医,将我习得的心理治疗方法现学现卖地教给我哥。我俩买了健身中心的运动卡,定期去健身运动,以促进脑内化学物质的分泌,维持脑内激素的平衡。我们一起去做音乐冥想,一起参加自我催眠的课程。我有时会装模作样地当起心理医生,分析他的认知障碍。而他总是听而不语,不积极配合。不过这无所谓,我的自言自语实际上也是我的自我疗愈。

我继续去看我的心理医生,为我,也是为我哥。我必须好起来,我会好起来,我这么想着。

生死
自由谈

只要我们拥有选择如何应对处境的自由,我们就不会一无所有。

——美国心理学家维克多·弗兰克尔《活出生命的意义》

"当一个人怎么也活不下去时,他有死的自由吗?"

"当一个人渴望着活下去,他有活的自由吗?"

想死的人有着各种各样的缘由,有的人曾经历过不堪承受的伤痛,永远挥之不去;有的人因当下的痛苦折磨而痛不欲生;也有的人为即将面临无法逃避的苦难想提前了结自己的生命;当然也有年轻学生身体健康,学业优秀,生活环境良好,只是他觉得自己好似八十多岁的老人,人生没有意义,难以活下去。这些想死想自杀的人,在死亡的边缘挣扎,挣扎到几乎不能控制自己。

他们有死的自由吗?

想活的人也有着自己无奈的奢求,有人得了绝症,渴望着多弥留几日;有人因行为冲动犯下死罪,内疚后悔,磕求饶恕,想活在人间;有人被暴徒擒掠,命悬一线,希望自己能有一条生路。他们摇晃在生死悬崖边上,渴望生存。

他们有活的自由吗?

生命短暂而脆弱,不论个人如何荣华富贵,还是穷困潦倒,生命的起点与终点不过咫尺之间。

谈论死亡是忌讳,生死问答是沉重话题,而这些却又时不时地干扰着男女老少,影响着千千万万幸或不幸的人们。因为人生的终点就是死亡,个体终究会死,高声欢呼的"万岁",期盼能长生不老的人也会死。人还是社会性的人,且不说自身遭遇的苦难自己必须面对,即便自己幸福平安,那么家人、亲友或同事的遭遇,甚至是媒体或自媒体上传播的一些有关生死的消息,都有可能搅乱原本平静愉悦的生活,迫使人们在人生的某个阶段经历生死鞭挞。

生的自由

生的自由,包括出生的自由和生存的自由。

出生的自由

人有出生的自由吗?

人不能自己选择何日何时是他的生日,也不能选择在怎样的环境、怎样的家庭中出生。人的出生是被动的,不管他喜欢或不喜欢,都被送到这个世界。有幸的话,他可能嘴里含着金钥匙出生,享受荣华富贵,荣耀一生;不过,更多的人是平平常常、安安逸逸、无惊无险,平庸一辈子;遗憾的是,一些不幸的人在娘胎里就可能有问题,或在出生后遭遇不幸,一生在泥潭里挣扎。

人没有出生的自由。

个体无法选择自己的父母,这是无可非议的客观事实。一些弃儿长大后经常会问:"大家都有自己的爸爸妈妈,为什么我爸爸妈妈不要我,他们会把我丢弃?如果不是养父母收养,我可能早就死了。"

也有饱经风霜的老人百思不得其解:"为什么我的命这么苦?一辈子受难。为什么我要出生在这个世界?"

生死是人类的一大难题。我们的人生就是这般无奈:生,不是自己的意愿;活,有时也不是自己的选择,而死亡却是人人要面对的事情。只是许多人不愿意谈论死亡,感到恐惧、害怕,认为不吉利。

鲁迅在他的杂文《立论》里说过:一家人家生了一个男孩,合家高兴透顶了。满月的时候,抱出来给客人看,大家自然是想得一点好兆头。

一个说:"这孩子将来要发财的。"他于是得到一番感谢。

一个说:"这孩子将来要做官的。"他于是收回几句恭维。

一个说:"这孩子将来是要死的。"他于是得到一顿大家合力痛打。

鲁迅尖锐地指出,那些说升官发财恭维话的人,是骗人的,唯有说孩子会死的人,才是一句真言,是必然,人无不死。

出生的自由随着科技的发展而发生变化。十月怀胎、自然分娩已经不再是许多医务人员和胎儿父母的自然选择。他们为了避免分娩时的麻烦,剖腹产、催产素的使用等已经司空见惯。更有甚者,为了图个吉祥时辰,为了获得好的生肖或星座,择日择时的剖腹产已经不足为怪。

作为胎儿,一个即将出生的人,这是他生的自由吗?严格地讲,这个婴儿连自己自然出生的自由也被父母剥夺了。

科技发展的另一个弊端是胎儿性别的检测。由于传统文化和政策限制,一些家庭不想要女孩,所以在胎儿期通过性别检测,将不想要的女性胎儿堕胎扼杀。这些女性胎儿有"生"的自由吗?

还有一些超生或非婚生的孩子,他们没有"生"的自由,他们一生出来就是非法出生的孩子,没有身份,没有正常生活,历尽磨难。

所以,出生没有绝对自由,所谓的出生自由是相对的。

生 存 自 由

人有生存的自由吗?

我们且不谈论人类正常死亡或生命的终极,也不谈论因为政治、经济、战争和地震海啸等天灾人祸而引致的生存权利丧失,我们只想谈谈:"当一个人渴望着活下去,他有活的权利吗?"也就是说,"当一个人渴望着生存下去,他有生的自由吗?"

没有,几乎所有的人都会这么回答。

当一个面临死亡而渴望生存的人在寻求心理援助时,我们既不能以"一个人没有活的自由"而敷衍了事,也不能简单地许诺"人有生存的自由"。

其实,每个人都知道"人终有一死",人自出生那一刻起,就向着死亡的终极目的地迈进。有的人走得快,有的人走得慢;有的人的终点较远,而有的人的终点较近,如此而已。不过,大多数人对终点后面的情况不了解,不知道死后会怎样?人死了,躯体焚化了,灵魂还在吗?灵魂去了哪里?天堂的许可证是怎样的?地狱究竟有几层,踏进地狱会是怎样的炼狱？因而，人们在面临终点和死亡时会深感焦虑恐惧。当然，少数人会坦然面对终点，因为他们憧憬着终点后面"天堂"里的美妙情景。

一个面对死亡却渴望生存的人，常常感到自己受到了不公正的待遇："为什么是我？老天待我太不公平了！"

现象心理学派（Phenomenological Psychology）的康姆兹（Arthur W. Combs）曾经就知觉的主观性阐释道："人们对于自身的知觉都透过价值"，他补充说，"个人所觉知的，不见得就是实际存在的，而是个人相信其存在的；个人所知觉的，是他自己从过去经验和机会中学会和知觉到的东西。"（Arthur W. Combs, *Perceptual Psychology: A humanistic approach to the study of persons*, Univ Pr of Amer, 1976）

是否公平，必须经过比较才能知晓。个体是通过他自己过去的经验，并结合他所具备的知识将自己与他人进行分析比较，并通过他自己的主观价值框架而作出是否公平的评价。

在战争中，许多十五六岁的娃娃兵受伤入院。他们中间的一些人断了胳膊断了腿，有的人肠子被打翻出来，有的人膀胱被打裂。当一批十五六岁的城市学生打扮得花花绿绿进病房为勇敢的军人们献上最美的舞蹈和最好听的歌曲时，娃娃军人们怒不可遏，情绪崩溃，砸输液瓶，拔氧气管，拉掉心电监视仪，号叫着："为什么受伤的是我？我不要住院，我要活下去！"

一些得了绝症的病人，首先出现的是"否定"状态。他们无法接受自己已患绝症的客观事实,认为"不可能",也有人陷入"休克状态",呆若木鸡。

"愤怒期"接踵而来,"为什么是我?""老天为何对我如此不公?"病人们无法接受即将死亡的判断。

当病人们挣不脱"死亡"的魔圈时,会进入"讨价还价"的第三心理反应期,四处求医,到处寻觅救命稻草。

几乎绝症病人在听到死亡判断后,都可能陷于不同程度的"焦虑抑郁期",对"死亡"的不期而遇令人沮丧、痛苦、抑郁、食欲不振、睡眠障碍,感到一片黑暗。抑郁期的长短因人而异,有的人在心理和药物的帮助下,走出心理雾霾,而有的人从此一蹶不起。

那些能战胜抑郁者,情绪会趋向平静,踏入癌症病人的"接受期",决心向癌症和死神挑战,向世上的不公平挑战。

公 平

生存话题中最常见的论题是"世界公平吗?"

事实上,公平本来就是相对的,所以世世代代,世界各地有着无数的英雄为了人类的公平而奋斗、受苦,甚至献躯。

回到现实生活中,人若以为世界理所当然都是公平的,并以"不存在的准则"去衡量他的生活经历,那他只有失望和委屈,自己折磨自己。

世上没有绝对的公平,只有相对的合理。比如说,据加拿大的统计数据，3 500万人口的国家，每天有500个人被诊断为癌症患者，有200人死于癌症。有人说，这么大的一个国家，每天200人死于癌症是可以理解的，言下之意是还算合理吧。但是，对癌症患者来说，这么大的一个国家，为啥是我得癌症？为何我是那200个人中间的一个？这世界太不公平了。所以，公平是有前提的，必须说明从哪个角度来评论。

以为世界公平的人，一旦遭遇悲哀之事，他会将之归咎于外界，内心充满怨恨、愤怒。这种外向归因者如果保持理性，可以采取理性的行动去争取公平；倘若他鲁莽冲动，那就有可能造成更大的不幸。例如，病人病情严重，最后医治无效死亡。家属愤怒，并外向归因于医生的失误，然后引起纠纷或暴力冲突。这样的案例时有所闻。

另一些以为世界公平的人，一旦世界对其不公，就归咎于自身的种种缺失和失误，那时他很有可能因为这种内向归因而心理失衡，陷于内疚和自责之中不能自拔。

心理三要素：思维-情感-行为

愉悦和恐惧是与生俱来的情感，婴儿吃饱睡足时能表现愉悦的表情，而受到巨大声响或突然失重（电梯下降）时会感到惊恐，这就是先天的恐惧反应。不过，更多的恐惧是后天习得的。恐惧反应是人类对危险环境作出评估后出现的自我保护机制，以维持个体生存。

内疚、自责并非与生俱来。它们是人类在后天生存环境中，在社会交往过程中,个体凭借自己的价值体系和认知原则评估而成。婴幼儿没有羞愧和追求公平的思想,因为他们太小,太幼稚。孩子懂事后才会思考公平或不公平,长大后才会理解幸福与悲哀、成功与失败、贫穷与富裕、高贵与低贱、羞愧和傲慢等。这一切构成了个人对生命意义和社会价值的思考。

据研究,内疚是极其伤害个人身心的负面情感。有时候,在疾病尚未将个人躯体摧毁之前,责难、内疚、焦躁、抑郁已导致个人心理崩溃。

从理论上来讲,人的心理状态由三部分组成:思维-情绪-行为。

举例来说,某人在得知自己患有恶性癌症的诊断后,犹如接到"死亡判决书",觉得社会不公,自己没有活的自由,人生没有意义。该病人的思维趋向悲观。

负面思维将引起情绪的低落、沮丧、焦虑、抑郁,对什么也不感兴趣。

抑郁的情绪导致消极的行为,闭门不出,整日哭泣,不按时吃饭睡觉,越想越悲哀。

该病人陷进一个负面消极的恶性循环。

扭转这个负性循环的方法很多。人们都知道正面思维的重要,所以看到一个悲伤者,往往积极开展思想工作,试图通过认知方式的改变来改善情绪,促进良好行为的产生。但是,当一个人陷入极度痛苦之中,思想教育的效果是很差的,因为当事人的感性因素控制了理性因素,抑郁悲伤的情绪会阻遏逻辑思维和合理推断的能力。

在日常生活中,一些好心人往往劝导了当事人大半天,说得口干舌燥,自以为能改变当事人的想法。殊不知,当事人会蹦出一句:"你刚才说什么了?"令好心人大为失望,难道自己说了那么多精辟开导之言居然只是耳边风? 其实,大家应该理解,当一个人情绪激动或悲哀痛苦时,他的专注和理解能力下降,无法侧耳聆听,不能合理思考。

其实,扭转负性循环的最简要方法是改变行为,外出多见阳光,散步走路。人在自然环境下,会增加脑内化学物质的分泌,减轻抑郁情绪。情绪好了,看问题的态度也会趋向积极,逐渐改进自己的思维方式。

按照认知行为的心理治疗方法,应先从改善行为着手,如果情绪实在糟糕,那么必须辅以药物来稳定情绪。只有当情绪稳定的时候,纠正当事人的消极认知才能起到效果。一旦个体获得正面的思维方式,情绪不再悲伤,行为也会变得积极。那么身心就会好转。

时 间 与 年 龄

生与死的差别就是有没有时间。对死者而言,他们是没有时间的,或者说时间已经永恒。活人的时间是受人控制的,你说有,就有,你说没有,就没有。它是抽象之物,由我们自己来决定。有人说,自己忙得不可开交,一点时间也没有了。事实是他的时间给了工作,自己的自由时间受到约束。他有工作时间,没有自己自由的时间。

还有一种情景是,他们的时间完全受他人控制,最典型的例子就是纳粹时期集中营里的囚徒们,他们整日从事极其繁重的体力劳动,有限的睡觉吃饭时间都受到监控,他们没有自己自由支配的时间。曾有集中营的幸存者说过,他们活着,有时间,但时间不是他们的,犹如行尸走肉,死人一般。

有些人追求长命百岁,光是百岁有意义吗?能说明他有很多时间吗?如果一个人什么也不做,躺了几十年,类似植物人,表面上他有了漫长的时间,事实上,他没有自己的自由时间。

另一个人,一年内做了许多实实在在的事情,有成效、有收获,从某种意义上来说,他比躺了几十年的植物人有了更多的时间。生命的表征并不在于时间的长短,而在于它的自由度,在于它在个人生活中的意义。

从另一方面来讲,时间有刻板的度量,但也有事实的判断。刻板的度量其实没有价值。一分钟,60秒过去了;一小时,60分钟流逝了;一天有24小时;一年有365天,8 760小时。对于一个无所事事的人而言,时间只是个数字计量。但以事实所判定的时间是不同的:一个人用3秒做了一道数学题,时间就说明他做题目的速度,时间有了意义。一个秘书一天内写好了全公司业绩报表,相对于那些一天啥也不做的人,那秘书的时间因工作的绩效而赋予其意义和价值。

癌症病人有着活下去的渴望,认为自己还有好多事情要做,需要很多时间。如果癌症没有把一个人从心理上摧毁,病人仍保存着内在驱动力,那他就有了时间。当他将那些设置的任务完成后,当他的目标达成后,他的时间就体现在里面了。相对于那些什么事也不做,随意让时间流逝的人,癌症病人可以成为一个有着自由时间的更为充实的人。

人的年龄有生理年龄和心理年龄之分。生理年龄就是按照个人的出生日期来计算,而心理年龄强调个人对年龄的自我感觉,它是以个人的日常行为表现与社会上不同年龄组人们的行为表现相比较而得出的年龄。

一般来讲,人的生理年龄和心理年龄通常不一样,很少有人是完全"一致"的。若前者高出后者,50岁的人可能像"老顽童"一样拥有一颗年轻的心;若后者高于前者,20岁的人由于各种原因,表现出50岁的心理特征,被称为"未老先衰""老气横秋"。

"人生七十古来稀"的陈旧观念影响了很多人。一些长者不到七十就畏缩不前,死亡焦虑日趋严重,等待生命末日的降临;还有些年龄在七十左右的耆英自认自己年龄已大,在世日子短暂,尽管手脚仍然利索,但心态衰老,期盼他人照顾自己。

2016年美国总统竞选结果是唐纳德·特朗普(Donald J. Trump)当选为第45任美国总统,时年70岁。他并不是第一个70岁才当总统的,罗纳德·里根当总统时也是70岁,任职8年,78岁方卸下总统之职。

特朗普在与共和党内几个四十多岁的年轻人竞争总统候选人资格时,他的行为表现与这些年轻的竞争者不相上下。他的心理年龄可能在四十多岁,如果他自己也是这么认为的话。

事实上,心理年龄比生理年龄更重要,只要身体好,心理年龄不苍老，那么七十岁高龄照样攀登人生高峰。

幸 与 不 幸

幸与不幸，也是生死困惑中难以阐明的一个话题。幸与不幸纯粹是个人的自我感受，并非别人可以判断。一个人认为幸福的事，其他人可能认为是一种悲伤和不幸。

常见的案例是，一个年轻女孩与最心爱的男人结婚，认为自己过上了最幸福的日子。可是她的父母完全不认同，以为自己的女儿跳入火坑，是最不幸的人。这是因为，个人价值和理念的差异可导致迥然不同的心理感受。

不过，人们公认的一点是幸福不会自动来临，都是经过努力后方能得到，而不幸则会从天而降。想获取幸福的爱情，必须努力与自己心仪的人交往接触后方能体验；即便是彩票中奖也需要事先买好彩票。有人说天生丽质，岂不是自然获得？天生丽质若没有社会性比较，没有别人的赞扬，那成不了幸福，而要获得人们的欣赏，就要有社会活动的参与。

然而，不幸之事则是不期而至，祸从天降。地震海啸、交通意外、防不胜防。一个静静站在街上等车的人，可能也会被楼上掉下的花盆砸死。

一些人得到"死亡通知"时，惊恐呐喊："一切来得太快了！我还不够坚强，承受不了这样的厄运。""我还太年轻，不曾有过战胜死亡的经历；我还来不及锻炼自己，却要迎接死亡的命运，为何不让我慢慢适应生死之事！"

人们很难接受死亡，无论是自己的还是他人的，求生的本能常压倒所谓的"最后的审判"。

早期的行为主义心理学家认为，某种刺激将会导致某种反应（S-R）。例如，听到将要死亡（某种刺激 S），人们就会焦虑害怕（对刺激的反应 R）。后期的新行为主义心理学家认为这个理论不完善，因为一种刺激可以引起多种反应，即一种事件在不同的个人身上可发生不一样的反应，听到"将要死亡"这个消息时，有人会焦虑害怕，但也有人坦然处之。究竟会发生怎样的反应，取决于个体的价值观念、人格特征和生活经验。

个体是刺激与反应之间的关键点。新行为主义认为，有机体不是单纯地对刺激作出反应，它的行为总是趋向或避开一个目标。在动物和人的目标与行为之间，必须经过个体认知这个"中介"因素（O），新行为主义的模式则是"刺激—个体认知—反应"，即"S-O-R"。

譬如，离婚作为一个生活事件，它可以令一些人悲痛欲绝，但也能使另一些人如释重负。这些迥然不同的反应基于个体认知的差异。

一个事件、一种物品，在乐观者眼里可能是喜悦，但从悲观者的角度来看，或许是悲伤。对生死的理解和反应亦是如此。

万事皆有利弊，祸中有福，福中有祸，人们普遍认同这个辩证的道理。我曾把那个拼在一起的双鱼型黑白太极图给某个得知自己身患绝症、不久于世的病人看,她能理解万事阴阳皆有,尽管阴阳并不对等。有一天,她坦然地告诉我,她懂得了这阴阳理论对她现实状况的解释:即她是个倒霉鬼,老天在她尚未年老之时就要夺取她的生命,这是"阴"的一面;然而她还算幸运,因为她事先知道了自己的生命行将结束。相对于那些因意外车祸等悲剧而突然死去的人们,她至少有了安排自己身后事的时间。这大概是不幸之中的小幸,是事件中所谓的"阳面"。她还说,她现在能获得良好的医疗服务,至少死时不会太痛苦,比起她母亲临终时的苦难,她也算幸运。

生命的意识不是某种含糊的东西,而是非常实在的具体的体验,它构成人的命运。每个人的命运都是独特的,尽管人们对命运的理解不尽相同。

♡ 死的自由

人为什么要死？

人为什么会死？问这个愚昧而又高深问题的人，倘若不是稚童、痴傻，就是那伙探究宇宙天体、人文哲学的天赋奇才。

不知恐惧死亡的文化源头在何处，古今中外，死亡都不是人们乐意讨论的主题，尽管每个人都躲不开它，人人要面对，可许多人就是不愿谈论它，感到恐惧害怕，认为不吉利。死亡一直是人们言谈的禁忌，死亡焦虑始终盘旋在人间。

《没有疆界》(*No Boundary*)一书的作者肯·威尔伯(Ken Wilber)说过："只有接受死亡，才能找到真正的生命。痛苦不是惩罚，死亡不是失败，活着也不是奖赏。死亡是一种没有未来的状态。"

死亡应该是毋庸置疑的事，人一出生就向着死亡迈进，这是客观规律。死亡像一个终点站的醒目标志，不可动摇、不可摧毁地置于人们的面前，无人可以摒弃它，绕过它。愿意或不愿意，或快或慢，人们只能朝着这个目标行进。

你，会回来吗？
——心理治疗师与你对话生死

什么是死亡？或许应该先回答怎样才算活着。孔子曰："未知生，焉知死？"这似乎成为一件约定俗成的事情。人们总是为新生命的诞生而欢呼，却对死亡采取一种漠视而不愿意面对的态度。

另一种说法是"置之死地而后生"，人们唯有面对死亡，才能看清人生到底是什么。人终究会死，人生只是一个追求人生意义的过程。

索甲仁波切在《西藏生死书》里说道："死亡是个大迷雾，但有两件事情是可以确定的：其一，我们总有一天一定会死；其次，我们不知何时或如何死。"

有些人认为，既然我们不知道何时会死，就以此为借口，延迟对死亡的正视。就像小孩玩捉迷藏一样，蒙住眼睛以为别人看不到我们。

还有一些人犯了轻视死亡的错误，他们总是这么想："反正每个人都会死，死不是什么大不了的事，死最自然不过了。"这个说法很轻松，但在临终的一刻往往恐惧万分。

恋生恶死是人之常态，但在死亡面前人人平等。无论你是总统还是平民，是富豪还是乞丐，地位与金钱都无法改变个体生命必死的事实。生死曲线有可能像是飞机缓缓着陆；也有可能像是俯冲的轰炸机，直冲而下。

人生的最后一道考题就是如何面对死神的召唤，恐惧、沮丧、忧伤是人之常情，再坚强豁达的人在死神面前也难以高傲、从容起来。现世的花红柳绿，死亡过程的挣扎抗拒，以及对于来世的困惑迷茫都是死亡降临时不可避免的纠结。但是无论怎样纠结，我们还是需要迈过那一道门槛,去永不归返的远方遨游。

林语堂曾经说过,"我们都相信人总是要死的,相信生命像一支烛光,总有一日要熄灭的。我认为这种感觉是好的,它使我们清醒,使我们悲哀,它也使某些人感到一种诗意。此外还有一层最为重要:它使我们能够坚定意志,去想法儿过一种合理的、真实的生活。"

死并非生的对立面,可以将它视为生的一个永存部分。当我们把生死看得平常,真正能放下心中的恐惧与厌弃,在面对死亡的时候也许我们就能更加从容和平静。

其实,"生命就是生死共舞,无常律动。每当我们听到山溪奔腾、浪涛拍岸,或者自己的怦怦心跳,宛如听到无常的声音。这些改变,这些小死亡,都是我们活生生地在和死亡接触。它们都是死亡的脉搏、死亡的心跳,催促我们放下一切的执著。"(《西藏生死书》)

自　　杀

"当一个人怎么也难以活下去时,他有死的自由吗?"人们疑惑不解。

"我不想活,你们想阻止我自杀,那么请给我一个活下去的理由。"来访者盯着我,等我回答。

世界卫生组织曾公布一份令人触目惊心的统计数据:全世界每年自杀身亡的人数比暴力冲突中死亡的人数还要多。每年全世界有80多万人死于自杀,即每40秒钟就有一人自杀致死。有迹象表明,每出现一例成人自杀死亡,就有可能超过20人自杀未遂。

自杀是一种复杂的现象,几个世纪以来吸引了大批哲学家、神学家、医生、社会学家和艺术家对此进行研究。法国哲学家阿尔贝·加缪在其著作《西绪福斯神话》(*Le Mythe de Sisphe*)中将自杀列为唯一严肃的"哲学问题"。

尽管对自杀问题有着长久而深入的研究,但迄今为止还没有一个被普遍认同的"自杀论"。或许,它永远不会出现,因为就自杀行为的本质而言,它的多样性和差异性难以形成一个有共识的概念和假设。

一般认为自杀与危机阈值和触发因素有关,个性特征、遗传因素、生活压力、应激源、危机事件以及个人的抗压能力决定了危机阈值的高低。阈值低,自杀可能性加大;反之,心理承受能力强,自杀危险度低。

自杀属于全球现象。自杀遍及全世界各个地方,几乎任何年龄段的人都可能发生。一般而言,男性死于自杀的数量要多于女性。在富裕国家,男性死于自杀的数量是女性的三倍,但在低收入和中等收入国家,男性与女性的自杀死亡比例则为1.5∶1。从全球来看,所有死亡者中有1.8%的人死于自杀。全球自杀率在过去45年内增加了60%。年龄为70岁和70岁以上者是自杀率最高的群体。值得注意的是,自杀是15~29岁人员中的第二大主要死因。(世界卫生组织,2014)

自杀是生物、遗传、心理、社会、文化以及环境等众多因素相互作用的结果。自杀行为在特定环境、特定的文化背景下会变得更为普遍。值得注意的是,青少年自杀的另外一个风险因素是,他们喜欢的公众人物或身边所熟知的人的自杀会对他们产生诱导效应,而且,年轻人当中还存在着集体自杀现象。

精神疾病和心理障碍是自杀的主要风险因素。据估计,以自杀方式结束自己生命的人中,约90%都患有精神障碍;患有精神分裂症的患者中约10%~15%最终自杀死亡;而60%的人自杀时都处于抑郁状态。那些长期抑郁焦虑者、精神创伤后应激障碍(PTSD)患者、酗酒和吸毒成瘾者以及持续不断的自残者,其自杀风险都比较高。自杀死亡者中被确诊为人格障碍的人数是未确诊为人格障碍人数的10倍,而有自杀行为的青少年中80%可能曾被诊断为品行障碍。(世界卫生组织)

一项对15 000名7至12年级的加拿大学生的调查指出,其中34%的学生知道有人自杀了;有16%的学生曾反复想过要自杀;有14%的学生有过自杀的计划;还有7%的学生采取过自杀行为;有2%的学生因严重的自杀行为而必须送医院治疗。(Quick Facts: Mental Illness & Addiction in Canada,2009)

人为什么要自杀?因为"高兴的死亡的唯一理由是生不如死"。

家住加拿大BC省Bowen Island的一位85岁退休心理治疗师Gillian Bennett,患有老年痴呆症,病情日趋严重。她不愿承受将来连自己是谁也不知道的状况,选择有尊严地死去。她生前创建了个人网站"死在正午"(deadatnoon.com),与大家分享她的自杀计划。

你，会回来吗？
——心理治疗师与你对话生死

她在网页中写道："我可能还要在加拿大的医院中度过十年生活，每年都要花掉 5 万至 75 万加元。"她认为在医院做一个包着尿片的无能者，给别人带来经济和身体上的负担，"是非常可笑和浪费的"。

2014 年 8 月的一个正午，她不要任何人帮忙，为避免涉嫌违法的"协助自杀"。她一个人从家中拖出一个垫子，放在她最喜欢的草地上，面对陡峭的岩壁，手拉着陪伴了她 60 年之久的丈夫乔纳森（Jonathan），用一杯美酒吞下安眠药，平静地告别了这个世界。

约翰·艾伦·李生前是加拿大某大学的教授。他自杀并非自己得了绝症，而是因为他的生命已经"够了"。他日益衰弱，他希望在自己还有自知力和自制力时安排好自己最后的日子。他卖了自己的房子，暂租一个公寓居住。他与儿子作了深刻的讨论，签署了自杀文件，并与自己的朋友一一告别。然后，他自己结束了自己的生命。

但也有人在极其痛苦之中仍苦苦承受煎熬。美国著名精神病学家维克多·弗兰克尔博士问这些病人："你为什么不自杀？"病人回答："因为生命中还有牵挂，因为生命中还有能量有待迸发，因为生命中还存在值得回忆的东西。"

正如尼采所言："只有那些知道为什么而活的人，才可以承受任何如何活下去的难题。"

生 死 抉 择

一个人的生死抉择应该由谁决定？有时看到一些长辈、亲友或医院里的病人,身上插满管子,瘦骨嶙峋,面无血色,意识不清,日复一日地躺在病床上消耗着自己的或公家的钱财,承受着永不康复的磨难,直至生命耗竭。

这是当事人所希望的吗?尤其是当一个人面临生死攸关的手术和痛苦不堪的垂危抢救时,当事人有无抉择的权利?

电影《姐姐的守护者》讲的就是一个有关生死权利的悲伤故事。

安娜是凯特的妹妹。让安娜来到这个世上的目的就是为了给患有白血病的姐姐凯特提供配对合适的维系生命的器官:骨髓、肾脏或其他。

待安娜长到 11 岁时,她将一张状纸交到了律师的手里,她要起诉她母亲违背她的个人意愿而将她身体的某个部分捐给她姐姐。她表明她有权利拥有自己的身体。

身为律师的母亲,为了拯救和照顾病重的凯特,她早已辞去工作,远离了律师行业。但是,当她要为自己心爱的大女儿凯特争取存活的权利,争取急需的肾脏时,她决定重操旧业,自己为自己辩护。她深信她一定会赢,凯特一定能活下去。

与疾病抗争多年的 15 岁凯特,心身疲惫。当她的同病相怜、心心相印的男友去世之后,她已经没有了生存的愿望,没有能力再与疾病相争。她想死,她不愿意接受妹妹的捐赠。但是,她妈妈不同意,她妈妈要竭尽一切方法来挽救凯特的生命。

凯特有决定自己生死的权利吗?

美国哈佛医学院的外科医生、作家阿图·葛文德,在《最好的告别》(Being Mortal)一书中提到了他与他父亲的一次艰难而极有意义的谈话,此次谈话涉及了他父亲的生死抉择。他父亲因癌症将进行一次十分危险的手术,病人的生命很可能就消失在手术台上。

葛文德医生说,这是他一生中最最艰难的谈话,是他问过的最最棘手的问题。当他问父亲是否要做手术时,心里极度不安,非常害怕。如果不做手术,他父亲将会四肢瘫痪,靠呼吸机和饲管存活,24小时都需要他人护理。

当他父亲明白了自己所面临的选择后,毫不犹豫地回答:"绝不,"他说,"如果瘫痪地活着,那还不如让我死。"父亲愿意手术。结果手术很成功,他父亲又活了过来。

这位病人有幸是阿图·葛文德医生的父亲,他有机会在自己的生死难题上做出符合自己意愿的抉择。然而,当今社会,究竟有多少病人有自己的生死决定权?有时,仅仅因为亲属或医疗专家善意的期望而延误了与病人进行"生死抉择"的探讨,贻误了病人的自主决定权,导致病人承受其不愿承受的死前痛苦。

病人丧失了"死的自由"。

葛文德医生还提到另一个案例,曾经有个病人在脊髓肿瘤切除的手术中发生意外出血,医生给家属三分钟的时间作出是否继续进行另一个手术的决定。若不做另一手术,那么病人随时可能丧命,如果做另一手术,病人可以存活,但是他可能会瘫痪几个月或更久,有可能永远瘫痪。

这也是一个极其艰难的决定。

这位病人的女儿是位医生,她非常清楚当今时代病人可能会遇到的难题:什么时候应该努力医治,什么时候应该放弃治疗?所以在她父亲做脊髓肿瘤切除术前,她曾问过她父亲:"为了博取一个活命的机会,你愿意承受多少?"她父亲回答道:"如果我能够吃巧克力冰淇淋,看足球电视转播,那我就愿意活着。如果能有这样的机会,我愿意吃很多苦。"

听到父亲这样回答,他女儿极其震惊。因为她所了解的父亲是位专注于研究,静静地做学问的教授。在女儿的记忆里父亲从来不看足球比赛,也很少吃冰淇淋。但这确实是她父亲非常理性的回答。

在三分钟的时间内,那女儿问医生:如果她父亲手术后活下来,是否还能吃巧克力冰淇淋、看电视足球比赛?医生说:"可以。"于是,她同意让他们再给她父亲做一次手术。

那女儿庆幸自己曾与父亲进行过艰难的生死探讨,否则单凭自己的想象,那很可能违背了父亲的意愿。她深切地体会到,在一般情况下,人们视生死问题为谈话禁忌。她真诚地建议:"我们要坦诚地询问,而且不要拖得太晚。"当她看到父亲术后恢复良好,躺在床上,吃着巧克力冰淇淋,看着电视里的足球比赛,她为自己在那三分钟内作出了正确的决定而高兴。

安 乐 死

生的快乐与死的安详,是人类对于生命的理想追求。

你，会回来吗？
——心理治疗师与你对话生死

曾有过"幸福晚年最重要的要素是什么"的讨论，尚未步入老年的人们和耄耋老人的回答迥然不同。青年人提出了五花八门的幸福要素，然而长者们只能叹息道：暮年的幸福要素是"自己还能上厕所"。

确实，医学再怎么发愤图强，依然无法摆脱一个很确定的结局，那就是永远无法战胜死神，生命的最后一课必定是衰老与死亡。救治失败也不是医学的无能，而是对生命进程的尊重。

2015年2月6日，星期五。加拿大最高法院的大法官们全体一致通过并作出了重要裁决：那些已被证实患有不治之症的人，如果不想继续忍受剧烈病痛的折磨，他们有权要求医生协助他们死亡。最高法院的这一裁决被认为是历史上最重要的裁决之一，因为它改变了既往加拿大人被法律和政府所认可的死亡方式。

2016年6月，加拿大颁布了医生可以协助病人死亡的法律。

联邦政府正式公布极具争议的《医生协助安乐死法案》，该法案对申请安乐死的病人设有具体的限制：病人必须是精神状况健全的18岁或以上的加国公民；患有严重的不治之症、残障及身体状况正处于不能逆转地变坏；病人正承受着难以忍受的病痛和正步向死亡的阶段。法律规定，除医生以外，法案容许执业护士协助病人安乐死。这些寻求安乐死的病人，需要在申请时提供精神状态良好的评估。新法案明确规定，凡有精神疾病和精神失常状况的人，不得申请安乐死。

病人要求医生协助死亡时，必须在神志清醒状态下作出书面请求。如果无法亲自撰写时，可由一位指定人士代笔，并须附上两个独立见证人签署的见证文件。为了确保申请人的这个决定是神志清醒的理智的个人要求，法庭设定了"十五日的冷静思考期"，也就是说，在提出申请后，寻求安乐死的病人将通过十五天的冷静期，让他们有时间重新考虑并确认有关自己生死的重大决定。

在加拿大，安乐死被分为两种。第一种为被动安乐死，即医生放弃对病人进行延续其生命的治疗，由他们自然死亡。这些放弃治疗的措施包括移除维持生命体征的仪器，移除喂食管，取消延长生命的操作，取消给予延长生命的药物等；第二种为主动安乐死，则是医护工作者或他人采取故意的行为协助病人死亡。

加拿大医生协助死亡法案的通过经历了漫长的争论期，即便现在法案已经通过，反对的声音仍是此起彼伏。

既往的加拿大法律规定："任何人辅导一个人自杀，协助或教唆人自杀，无论自杀是否真实发生，都是犯罪行为，将被判刑，刑期不超过十四年。"当时的联邦总检察长对此的解释为："法律绝对禁止协助自杀。所有的生命都是珍贵的、值得保护的，也都应该受到保护，任何人都不能潜移默化地鼓励弱势群体终止他们的生命。"

一些反对安乐死的人士表示，当病人在清醒时作出安乐死决定，家人无从反对，医生也没有权利拒绝。不过，他们认为，政府更应该在善终服务上增拨资源，即使病人无法痊愈，仍能获得持续优质的医疗护理，让他们有尊严地活下去。

医疗界对安乐死也有异议。一些医生认为，他们在医学领域所学习的都是治病救人，从来没有受过终止他人生命的训练。他们曾认真学习过古希腊医生希波克拉底提出的医生职业道德的警诫圣典，理解医生的言行自律要求，并且正式宣誓过："……我不得将危害药品给予他人，也不作该项之指导，虽有人请求亦必不与之。"

那么，为什么现在最高法院的大法官一致同意将"安乐死"合法化呢？因为现在时机已经成熟，国际上已经有一些国家和地区将"安乐死"合法化，允许医生协助死亡。在司法管辖妥善的地区，弱势群体面临的"被迫死亡风险已大幅度减小"。如果法律继续禁止协助死亡，不仅会延长终极患者的痛苦，还会导致一些人更早地结束自己的生命。

有人批评加拿大安乐死的新法案过于狭窄和严厉，包括把病人年龄限制在18岁以上，一些深受病痛折磨的孩子将继续承受痛苦。

新法案规定，凡有精神疾病和精神失常状况的人，不得申请安乐死。那些老年痴呆病人或脑功能退化症病人，他们即便被证实患有不治之症，因为精神失常无法清醒地提出申请，只能继续忍受剧烈病痛的折磨。

不管怎样，人们都期盼生命的最后一程走得完满而有尊严。

在加拿大有这样一群人，他们聚集在一家气氛温馨的咖啡馆里，喝着冒热气的咖啡，吃着美味的蛋糕，讨论着关于生与死的话题。"死亡咖啡馆"帮助人们为死亡做准备，当有人死亡或死神将至时，他们可以从容地为自己或垂死的人，做一些事先规划和行动。"死亡咖啡馆"将打开人类关于死亡和垂死的文化融合之门。

图书在版编目(CIP)数据

你,会回来吗?:心理治疗师与你对话生死 / 黄蘅玉著. —上海:上海社会科学院出版社,2017
 ISBN 978-7-5520-2101-1

Ⅰ.①你… Ⅱ.①黄… Ⅲ.①死亡哲学 Ⅳ.①B086

中国版本图书馆 CIP 数据核字(207)第 191479 号

你,会回来吗?:心理治疗师与你对话生死

著　　者:黄蘅玉
责任编辑:杜颖颖
封面设计:黄婧昉
出版发行:上海社会科学院出版社
　　　　　上海顺昌路 622 号　邮编 200025
　　　　　电话总机 021-63315900　销售热线 021-53063735
　　　　　http://www.sassp.org.cn　E-mail:sassp@sass.org.cn
排　　版:南京展望文化发展有限公司
印　　刷:上海盛通时代印刷有限公司
开　　本:890×1240 毫米　1/32 开
印　　张:7.5
插　　页:4
字　　数:150 千字
版　　次:2018 年 6 月第 1 版　2018 年 6 月第 1 次印刷

ISBN 978-7-5520-2101-1/B·228　　　　定价:46.80 元

版权所有　翻印必究

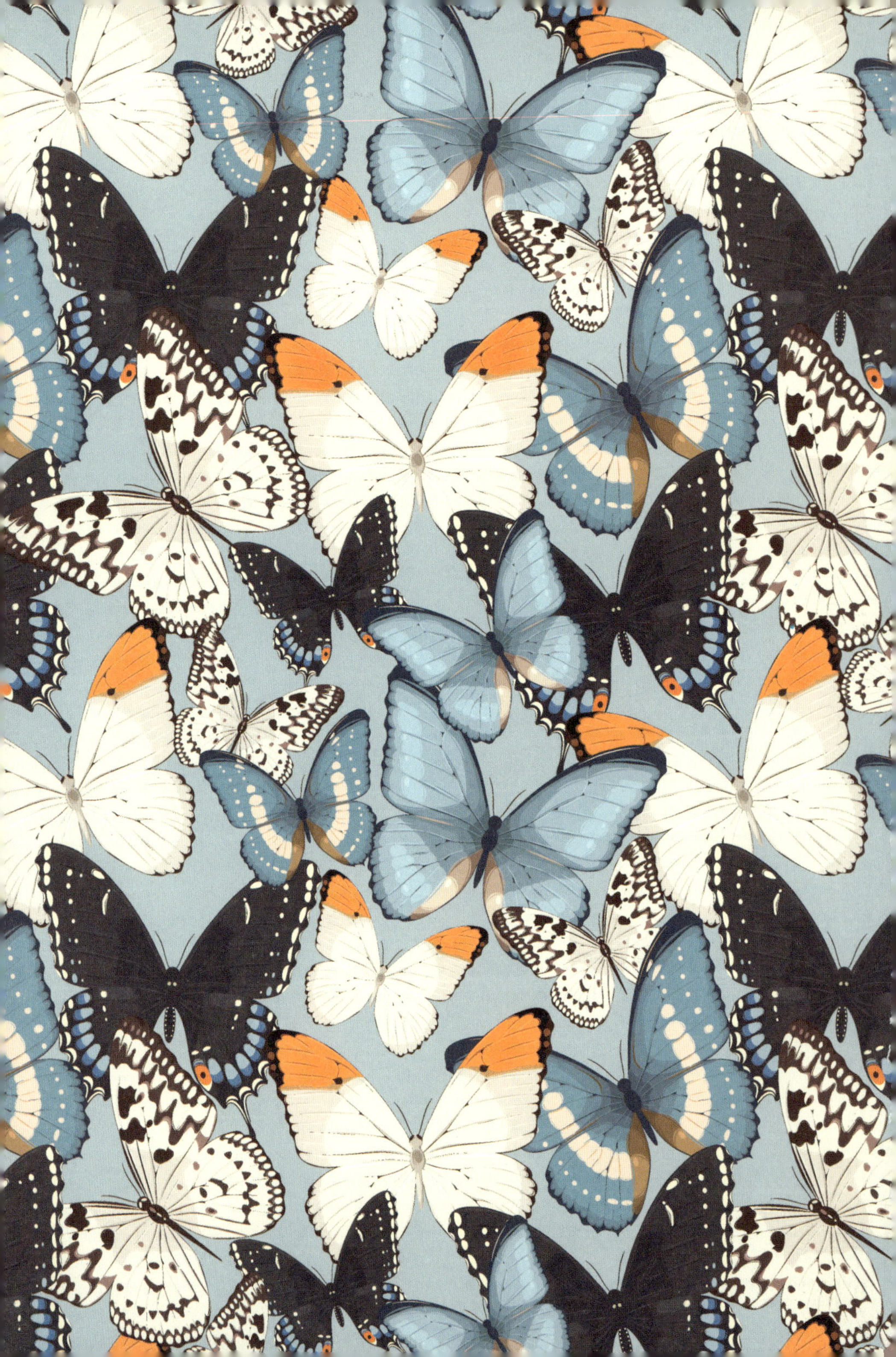